교부 문헌 총서 30
선의 본성

AURELIUS AUGUSTINUS
DE NATURA BONI

Translated with introduction and notes by
SEONG Youm

© Benedict Press, Waegwan, Korea 2019

교부 문헌 총서 30
선의 본성
2019년 9월 20일 교회 인가
2019년 11월 28일 초판 1쇄

지은이 · 아우구스티누스
역주자 · 성염
펴낸이 · 박현동
펴낸곳 · 성 베네딕도회 왜관수도원 ⓒ 분도출판사
찍은곳 · 분도인쇄소

등록 · 1962년 5월 7일 라15호
04606 서울시 중구 장충단로 188(분도출판사 편집부)
39889 경북 칠곡군 왜관읍 관문로 61(분도인쇄소)
분도출판사 · 전화 02-2266-3605 · 팩스 02-2271-3605
분도인쇄소 · 전화 054-970-2400 · 팩스 054-971-0179
www.bundobook.co.kr
ISBN 978-89-419-1919-3 94230
ISBN 978-89-419-9755-9 (세트)

* 신저작권법에 따라 보호를 받는 저작물이므로 무단 전재와 무단 복제를 금합니다.

교부 문헌 총서 30

아우구스티누스
선의 본성

성염 역주

분도출판사

'교부 문헌 총서'를 내면서

제2차 바티칸 공의회 「계시 헌장」 verbum dei 7-10항에서 밝히고 있듯이, 하느님의 계시는 신·구약 성경과 성전聖傳을 통해 우리에게 전달되는데, 이 둘은 하느님의 똑같은 원천에서 흘러나오므로 하나를 이룰 만큼 서로 밀접히 연결되어 있다. 바로 "교부들의 말씀은 믿고 기도하는 교회의 실생활 가운데 풍부히 흐르고 있는 이 성전의 생생한 현존을 입증한다"(8항). 즉, 교부들의 말씀은 성전의 주축을 이루고 있으므로 교부 문헌 연구는 하느님의 계시에 접근하는 데 중대하고 필요 불가결의 길이라 할 수 있다.

짧은 역사의 한국 교회는 그동안 성경 연구에 큰 관심을 가져 괄목할 만한 진전을 해 왔으나 교부 문헌 연구는 극히 미미하였다. 이에 우리는 분도출판사를 중심으로 '교부 문헌 총서 기획위원회'를 구성하여, 교부 문헌의 번역·간행을 계속해 나감으로써 교부 문헌 연구에 새로운 전기를 마련하기로 하였다.

우리는 이 '교부 문헌 총서'가 한국 교회의 신학 발전에 다음과 같은 도움이 되기를 바란다.

첫째, 성경 연구에 도움이 될 수 있다. 사도교부들(patres apostolici)은 사도들의 직제자 혹은 그 직제자들의 제자들이었으므로 그들의 문헌은 신약

성경(특히 사목서간들)에 나타나 있는 사도들의 가르침과 신학을 잘 반영하고 있을 뿐 아니라 신약성경에 표현되지 않은 초기 교회의 모습을 보여 주고 있기 때문이다. 또한 그 후의 교부들의 글에서도 성경은 그 기초가 되고 있으며, 때때로 성경 해설을 위한 강론(homilia식 Tractatus)들과 본격적인 성경 주해서(commentarium)들이 있다.

둘째, 이상하게 들릴지 모르지만, 한국 교회 신학의 토착화에 도움이 될 수 있다. 교부시대는 사도들로부터 전수받은 그리스도의 복음이 그리스·로마 문화에 정착되는 시기라 할 수 있다. 예수님과 사도들 그리고 복음서의 청중들은 모두 히브리인들이었으며, 그래서 복음은 먼저 히브리 문화권 안에서 선포되었다. 이 복음이 제자들의 선교 활동을 통해 히브리 문화와는 다른 그리스 문화권에 선포되면서 일종의 토착화 과정이 있었으며, 또 라틴 문화권에 선포될 때 또 다른 토착화 과정이 있어야 했다. 그리스도교의 신학은 이러한 토착화의 시도 과정에서 때로 많은 시행착오(이단과 열교)를 거치면서 발전되고 정착되어 왔다. 사실 교부들은 토착화 과정에서 그리스도의 복음이 변질되어서는 안 된다는 원칙 아래 해당 문화권에서 수용할 수 있는 것과 할 수 없는 것을 엄격히 구별하였던 것이다. 제2차 바티칸 공의회 이후 한국 교회 안에서도 토착화의 필요성이 자주 거론되고 있다. 우리는 교부들이 행했던 토착화의 시도 과정과 그 방법을 연구함으로써 우리의 토착화 작업에 도움을 받을 수 있을 것이다.

셋째, 한국 교회의 에큐메니즘 운동에 도움이 될 수 있다. 세계적으로 한국만큼 기독교의 종파가 많은 곳도 드물다. 가톨릭과 개신교 사이의 차이는 말할 것도 없지만 개신교 사이에서도 서로 극심한 차이가 있다. 사실 개신교의 종파는 성경의 자유 해석에서 기인하는 경우가 많은데, 자기의 해석을 고집하기에 앞서 성경시대와 가까웠던 교부시대에서 성경을 어떻게 이해하고 생활했는지 알아볼 필요가 있다. 또 잊어서는 안 될 점으로,

그 신도 수가 많지는 않지만 동방 정교회가 한국에도 있는데, 동방 교회는 교부시대의 전통을 잘 유지하고 있으므로 서방 교회(로마 가톨릭, 프로테스탄트, 성공회)는 동방 교회 전승에서 많은 것을 배우고 보완할 수 있다. 따라서 우리는 각 교회 모두가 공동으로 소유하고 있는 성경 그리고 서로 갈리기 전 초세기 교회의 모습, 즉 교부 문헌을 같이 연구함으로써 서로의 차이점을 함께 좁혀 나갈 수 있을 것이다.

일반적으로 교부 문헌을 어렵고 고루한 전문 서적으로 생각하는 경향이 있다. 이러한 생각은 교부 문헌을 직접 접할 기회가 적었던 데서 오는 막연한 선입관에 불과하다. 대부분의 교부들은 사목자들이었으며 그들의 글은 당시의 수사학에서 나온 연설체·강론체적인 성격을 가진 것들이 많다. 그래서 때로는 설득을 위한 지나친 강조나 지루한 반복이 있는 것도 사실이나 글에 힘이 있으며 이해하는 데 그다지 어렵지 않다.

아무쪼록 앞으로 이 총서가 많은 이들의 관심과 협력과 채찍질에 의하여 속속 간행되면서 더욱 많은 이들의 연구와 생활에 도움이 되기를 바라 마지않는다.

1987년 6월 29일
이형우

【일러두기】

1. 교부 문헌은 워낙 방대하므로, 번역·간행할 책은 한국 실정을 고려하여 선정하되, 연대순이나 그리스 교부·라틴 교부의 구별을 두지 않고 준비되는 대로 일련번호를 매겨 출간해 나간다.

2. 교부 문헌은 학문적 연구에 기초 자료가 되므로, 본문의 번역은 되도록 원문에 충실하게 하며, 중요한 문헌의 원문은 전부 또는 일부를 역문과 나란히 싣는다.

3. 독자의 이해를 돕기 위해, 본문에 앞서 「해제」를 실어 저자의 생애와 당시의 문화적 배경 그리고 각 저술의 특징과 신학 등을 설명하고, 본문 아래에 약간의 각주를 단다.

4. 독자의 편의를 위해, 원문에 없어도 우리말 본문에는 소제목과 일련번호를 단다.

5. 성경 본문 인용은 원칙적으로 『성경』(한국 천주교 주교회의 2005)을 따르되, 문맥에 맞추어 대폭 다듬었다. 필요에 따라서는 『공동번역 성서』와 『200주년 성서』(분도출판사 2003)도 인용했고, 그것으로도 저자의 의도가 반영되지 않을 경우에는 더러 역자가 직접 번역하기도 했다. 다른 판본을 인용하더라도 성경 인명·지명의 우리말 표기는 『성경』에 따랐다.

6. 본문 중 인용문은 원문에서는 이탤릭체로, 각주를 제외한 역문에서는 굵은 서체로 표시하고, 성경 장·절의 표시는 각주 형식으로 다른 각주와 함께 일련번호를 매겨 처리했다.

7. 본 총서에 포함되지 않은 아우구스티누스 저작의 우리말 역어는 본 총서 18권, 포시디우스 『아우구스티누스의 생애』(이연학·최원오 역주, 분도출판사 2008) 170-181에 실린 '아우구스티누스 저술 목록'을 참조하라.

DE NATURA BONI

|차례|

'교부 문헌 총서'를 내면서 ·· 5

해제

1. 아우구스티누스와 마니교 논쟁 ································· 13
   1.1. 마니교와 아우구스티누스 ································· 13
   1.2. 마니교의 교리와 습속 ·· 17

2. 『선의 본성』*De Natura Boni* 개요 ······························ 20
   2.1. 본서의 구성 ·· 20
   2.2. 존재의 형이상학 ··· 22
   2.3. 악의 형이상학 ·· 27

3. 본서의 마니교 비판 ·· 30
   3.1. 물질이라는 '제2의 하느님' ································ 30
   3.2. 선악이원론이 하느님께 끼치는 손상 ················ 31
   3.3. 마니교의 비관적 인간관 ···································· 32

4. 마니교 논쟁에서 『선의 본성』의 위치 ……………………………………… 33

5. 번역 대본과 현대어 번역본 …………………………………………………… 35

본문과 역주

1. 하느님은 불변하는 최고선이고 영적이든 물질적이든 모든 선의 창조자다 41
2. 마니교도들을 바로잡는 데 어떻게 하면 족한가 …………………………… 43
3. 정도와 형상과 질서는 하느님에 의해서 창조된 모든 사물에 있는 보편 선이다
   ……………………………………………………………………………………… 45
4. 악이란 정도, 형상, 질서의 부패다 …………………………………………… 47
5. 상위의 자연 본성은 부패하여도 부패하지 않은 하위의 자연 본성보다 월등하다
   ……………………………………………………………………………………… 47
6. 부패할 수 없는 자연 본성은 최고선인 하느님이고 부패하는 자연 본성도 어떤 선이다 …………………………………………………………………………… 49
7. 이성을 갖춘 영들의 부패는 자의적이거나 죄벌이거나 둘 중 하나다 ……… 51
8. 하위 사물들의 부패와 소멸도 전체의 아름다움에 이바지한다 …………… 51
9. 죄짓는 자연 본성에 가해지는 죄벌은 올바른 질서를 위해 설정되었다 …… 53
10. 자연 본성이 부패함은 무에서 만들어졌기 때문이다 ……………………… 55
11. 무엇도 하느님을 해치지 못하며 다른 자연 본성은 하느님의 허용하에서만 해를 입는다 ……………………………………………………………………… 55
12. 큰 선이든 작은 선이든 모든 선은 하느님에 의해서 존재한다 ……………… 57
13. 크든 작든 모든 선은 각각 하느님으로부터 존재한다 ……………………… 57
14. 작은 선들이 큰 선에 비해서 상반되는 이름으로 불리기는 한다 ………… 59
15. 비록 작지만 원숭이의 몸에도 아름다움의 선이 있다 ……………………… 61
16. 사물에 있는 결핍도 하느님 안에서 온당한 기능을 가진다 ……………… 61
17. 자연 본성이 자연 본성인 한 어느 것도 나쁘지 않다 ……………………… 63
18. 무형한 질료로서 고대인들이 hyle라고 부르는 것도 악이 아니다 ……… 63
19. 참으로 존재함, 그것이 하느님의 고유한 본성이다 ………………………… 67

20. 고통 역시 선한 자연 본성에만 존재한다 ··· 69
21. 크든 작든 모든 존재는 일정한 척도를 갖추고 있다 ························· 71
22. 하느님께도 어느 면에서 정도가 서술된다 ······································· 71
23. '나쁜 정도'나 '나쁜 형상'이나 '나쁜 질서'라는 말을 하는 근거 ············· 73
24. 하느님이 불변하는 분임을 성경이 증언한다. 하느님의 아들은 창조되지 않고 나신 분이다 ··· 75
25. "그분 없이 생겨난 것은 아무것도 없다"는 복음 구절이 간혹 오해를 야기한다 ··· 79
26. 피조물들은 무에서 만들어졌다 ··· 81
27. '하느님에게서'라는 말과 '하느님께로부터'라는 말이 같은 뜻이 아니다 ··· 83
28. 죄악은 하느님에게서 유래하지 않고 죄짓는 자들의 의지에서 유래한다 83
29. 우리 죄악이 하느님을 오염시키지 못한다 ······································· 85
30. 미소하고 지상적인 선도 하느님께로부터 존재한다 ·························· 85
31. 죄를 벌하고 용서하는 일은 하느님의 소관이다 ································ 87
32. 자신과 타자를 해치는 능력도 하느님께로부터 온다 ························ 89
33. 하느님이 악한 천사들을 창조하지 않았고 그들이 죄를 지어 악한 천사가 되었다 ··· 91
34. 죄는 나쁜 자연 본성을 욕구하는 데 있지 않고 더 좋은 자연 본성을 유기하는 데 있다 ··· 93
35. 아담에게 금지된 나무는 나빠서가 아니라 하느님께 복종함이 사람에게 좋기 때문이었다 ··· 95
36. 하느님의 어느 피조물도 악하지 않으며 피조물을 악용함이 악이다 ······· 95
37. 죄짓는 사람들의 악도 하느님은 선용하신다 ···································· 97
38. 악인들을 괴롭히는 영원한 불이 나쁜 것은 아니다 ·························· 99
39. 영원한 불이라고 함은 하느님처럼 영원하기 때문이 아니고 끝이 없기 때문이다 ··· 99
40. 아무도 하느님께 악을 행하지 못하고, 하느님의 의로운 배려 없이는 타자에게도 악을 행하지 못한다 ··· 101
41. 마니교도들은 악의 자연 본성에 많은 선을 부여하고 선의 자연 본성에 많은 악을 부여한다 ··· 101

42. 하느님의 자연 본성에 관한 마니교도들의 모독 ················· 107
43. 마니교도들은 악과 혼합되기 전에도 하느님의 본성에 많은 악을 부여하고 있다 ·· 117
44. 하느님에 관해서 마니카이우스는 믿기지 않을 만큼 추루한 생각들을 해냈다 ·· 121
45. 마니교도들을 두고 들려오는 가증할 추태들도 근거 없이 생겨난 것은 아니다 ·· 129
46. 『기조 서간』에 담긴 불측한 교설 ······························· 131
47. 마니교는 황당한 추행을 강요한다 ······························ 137
48. 마니교도들의 개심을 위하여 기도하다 ························ 141

재론고 ··· 147

인명 색인 ··· 148
작품 색인 ··· 149
성경 색인 ··· 150

DE NATURA BONI

해제

1. 아우구스티누스와 마니교 논쟁

1.1. 마니교와 아우구스티누스

"내 나이 열아홉 살에, 그러니까 수사학 학교에서 키케로의 저 책, 『호르텐시우스』[1]라고 하는 책을 손에 넣은 다음에 철학에 대한 크나큰 사랑에 불타오르게 되었습니다. … 그러던 중 신성한 사물들 가운데서도 눈으로 식별하는 저 빛이야말로 최고로 섬김을 받아야 한다고 생각하는 사람들을 만났습니다."[2] 빛을 섬기는 저 사람들이 마니교도들이다. 마니교는 영지靈知를 표방하면서 진리를 반드시 깨닫게 해 주겠다는 약속으로 젊은 지성을 사로잡았다. "오, 진리여, 진리여! 저 사람들이 당신을 외칠 적에, 그렇게도 흔

---

[1] *Hortensius*: 철학을 권유한 키케로의 저서. 유실되었으며 서명과 단편은 주로 아우구스티누스의 글에서만 전해진다. "그 책이 제 성정을 아주 바꾸어 놓았고 … 저의 헛된 희망은 어느덧 모조리 시들해졌고 저의 마음은 이제 불멸의 지혜를 추구하는 욕구로 믿기지 않을 만큼 헐떡이면서 당신께 돌아가려고 자리에서 일어서기 시작했습니다"[『고백록』(성염 역주, 경세원 2016) 3,4,7].

[2] 『행복한 삶』(성염 역주, 분도출판사 2016) 1,4.

하게 그렇게도 다채롭게, 때로는 소리로만 때로는 많고도 큼직한 책자로 당신을 소리 내어 드러낼 때에, 내 영혼의 골수가 얼마나 당신을 속으로 사무치게 그리워했습니까!"³

특히 아우구스티누스가 일평생 시달린 사상적 고민이 악의 문제였는데 마니교의 선악이원론善惡二元論이 귀를 솔깃하게 만들었다. 악은 우주 내의 실체다, 선한 신이 창조한 것이 아니라 선한 신에게 맞서는 원리이며 물질物質에서 기인한다, 인간도 두 영혼, 곧 선하고 악한 두 의지를 가지고 태어난다는 마니교 교설은 "탓에서 벗어났다는 점이 제 오만을 부추기고 … 제가 무슨 악을 저질렀을 경우에도 … 뭔지 모르지만 저와 더불어 있으면서도 제가 아닌 다른 무엇에다 탓을 돌리기를 좋아하였다"는 고백을 자아낸다.⁴ 훗날 아우구스티누스는 그 시기를 이렇게 회상한다. "제 나이 열아홉 살부터 스물여덟 살까지 9년이라는 세월 동안 온갖 욕정으로 인해 호리고 홀리기도 하고 속고 속이기도 하면서 살았습니다. 공개적으로는 자유 학예라고 부르는 학문을 내세워, 은밀하게는 종교라는 허울을 내세워 그리하였습니다. 예서는 오만하고 제서는 미신을 숭상하면서 헛되이 쏘다녔습니다."⁵

아우구스티누스는 그리스도교에서 세례를 받던 387년부터 404년까지 사반세기 가까이 마니교의 선악이원론을 상대로 논쟁을 벌인다. 마니교를 염두에 두고 순수한 철학적 성찰을 담은 세 저서를 집필했으니 『자유의지론』,⁶ 『참된 종교』,⁷ 그리고 본서 『선의 본성』⁸이 그것이다. 마니교도들을 직접 상대하여 논쟁을 벌인 저서도 『가톨릭교회의 관습과 마니교도의 관습』,⁹ 『마니교도 반박 창세기 해설』,¹⁰ 『마니교도 포르투나투스 반박』,¹¹ 『두 영혼』,¹² 『마

---

³ 『고백록』 3,6,10.   ⁴ 『고백록』 5,10,18.   ⁵ 『고백록』 4,1,1.

⁶ *De libero arbitrio*(성염 역주, 분도출판사 1998). 387~395년의 저술로 악의 기원, 자유의지, 도덕법, 하느님의 존재와 예지를 다룬다.

니 제자 아디만투스 반박』[13]『마니교 기조 서간 반박』[14]『마니교도 파우스투스 반박』[15]『마니교도 세쿤디누스 반박』[16]『마니교도 펠릭스 반박』[17] 등 9권이 있다.[18]▶

본서『선의 본성』은 100권이 넘는 아우구스티누스의 저술 가운데 가장

---

[7] *De vera religione*(성염 역주, 분도출판사 1988, 2011²). 390~391년 저술이며 마니교 이원론의 모순, 신앙과 이성, 구세사로서의 역사관이 다뤄지는데, 아우구스티누스 철학소전(哲學小典)이라고 불릴 정도로 교부의 사변적 주제들이 모두 나온다.

[8] *De natura boni*. 아우구스티누스는 어떤 시기의 현안을 관심 있는 독자들에게 교본(compendium) 형태로 정리하곤 하는데,『참된 종교』가 초기 대화편을 비롯한 철학 주제들을 간추린 것이라면, 그리스도교 입문을 정리한 것이『입문자 교리교육 *De catechizandis rudibus*, 신앙생활의 길잡이라고 할『믿음 희망 사랑의 길잡이』*Enchiridion de fide, spe et caritate*가 있고, 본서는 마니교 논쟁의 핵심을 정리한 교본으로 간주된다.

[9] *De moribus ecclesiae catholicae et de moribus Manichaeorum*. 388년 작. 아우구스티누스의 최초의 호교서. 가톨릭교회와 대조하여 마니교도의 모순에 찬 교설과 습속을 비판한다.

[10] *De Genesi adversus Manichaeos*. 388~389년. 자구적 해설로 마니교도들에게 공격받는 창세기 구절들을 유비적으로 해석하며 옹호한다.

[11] *Acta contra Fortunatum Manichaeum*. 392년 8월 28~29일 히포에서 마니교 사제 포르투나투스와 공개 토론한 기록. 악은 인간의 자유로운 범죄에서 유래한다는 주장이 주제다.

[12] *De duabus animabus*. 392년. 선한 원리와 악한 원리를 반영한다는, 마니교의 두 영혼이론을 반박하면서 인간에게는 자유의지를 갖춘 단일한 영혼이 존재할 따름이고 악은 선한 하느님이 부여하신 인간의 그 선한 의지에서 유래한다고 주장한다.

[13] *Contra Adimantum Manichaei discipulum*. 392년. 그리스도교 성경 구약과 신약의 간극을 조롱하던, 마니의 직계 제자 아디만투스의 논지를 반박한다.

[14] *Contra epistolam Manichaei quem vocant fundamenti*. 397년. 마니가 남긴 서간 ―『기조 서간』으로 불린다 ― 에 담긴 이원론 교리의 모순을 규탄하고 마니교가 내세우는 그리스도론을 반박한다.

[15] *Contra Faustum Manichaeum*. 397~398년. 신구약의 대립되어 보이는 표현들을 조롱하던 마니교도들의 논조를 일일이 반박하는 대저(大著)다. 이 저서에 상응하는 분량의 단일 주제 저술로는 아우구스티누스의『신국론』(성염 역주, 분도출판사 2004, 413-427)과 펠라기우스파 논쟁서『율리아누스 반박 미완성 작품』*Contra Iulianum opus imperfectum*(429-430)밖에 없다.

[16] *Contra Secundinum Manichaeum*. 아우구스티누스에게 마니교로 돌아오라고 하는 마니교도 세쿤디누스의 공개 편지에 대한 답변서. 마니교 논박서 중 가장 잘 쓰인 책으로 자평한다.

[17] *Contra Felicem Manichaeum*. 404년(혹은 398년) 12월 7일과 12일에 하느님의 불변성, 창조, 악의 기원 등을 주제로 마니교 사제 펠릭스와 벌인 공개 토론 기록이다.

분량이 적은 저술에 들어가지만 사반세기에 가까운 마니교 논쟁의 마지막 무렵에 나온 책으로, 학술적 논리와 성서적 반증, 날카로운 수사학적 웅변으로 다채롭게 꾸며진 서적이다. 주제는 '악은 어디서 유래하는가?'(unde malum?)라는 물음과 '악은 무엇인가?'(quid est malum?)라는 두 질문으로 간추려진다.[19]

책의 집필 연대가 보통 399년으로 간주되지만, 만일 『재론고』[20]가 집필 순서대로 저서들을 다루고 있다는 일반 평가를 받아들인다면 404년(12월 7일과 12일)에 있었던 펠릭스와의 공개 토론 기록[21] 다음에 배치되어 있어, 교부의 마니교 논쟁 마지막 저술로 간주되기도 한다.[22]

문학적 구성으로 보더라도 특이한 책자다. 전반부는 "모든 영과 모든 물체가 본연적으로 선이라는 사실을 이해 못하는 사람들도 … 우리가 말하는 바의 이해에 도달할 수 있었으면 한다"[23]는 서문을 앞세워 철학과 논리학에 숙련된 지식인이 아니어도 알아들을 만한 짧고 질박한 문장들로 시작한다. 그러다 그의 날카로운 논리적 분석이 나오면 마니교의 교리 체계는 온갖 모순과 허위에 찬 문헌처럼 비치게 된다. 후반부에는 수사학의 모든 장식

◂[18] 아우구스티누스의 전기를 쓴 포시디우스(Possidius)의 목록(*Operum S. Augustini elenchus a Possidio eiusdem discipulo digestus*)은 교부의 마니교 논쟁서 33권의 작품을 열거한다.

[19] 제목을 왜 De natura mali(악의 본성)가 아니고 De natura boni(선의 본성)라고 했을까 묻는다면 악은 선의 결핍에 불과하므로 별도의 실체나 본성을 지니지 못한다는 설명이 답변이 될 것이다.

[20] *Retractationes*: 아우구스티누스는 426년경 이전의 자기 모든 저작을 차례로 재독하고 검토하면서 추고를 가하는 독특한 저서를 작성하고 『재론고』(再論考)라고 명명하였다.

[21] 앞의 각주 17 참조. 『재론고』(2,8)에서 "이 책은 호노리우스 황제 제6차 집정관 임기 12월 7일에"라는 문구로 시작한다고 언명하는데 그것은 서기 404년이다. 그래서 *De actis cum Felice Manichaeo*라는 제목으로도 전해 온다.

[22] 프랑스어판(Bibliothèque Augustinienne)의 Roland-Gosselin도, 스페인어판(Biblioteca de Autores Cristianos)의 M. Lanseros도 이 견해를 따른다.

과 성토문聲討文의 모든 기법을 총동원하고 있으므로, 누가 마니교를 옹호
하려고 시도한다면 마치 지적 파렴치한처럼 되고 만다. 더구나 마지막 절
(48)은 한때 자기도 빠졌던 그릇된 신앙의 동료들을 위한 기도문, '죄는 미
워하되 죄인은 미워하지 말라'는 투의 아량까지 내비치고 있어서 이 책자는
아우구스티누스의 마니교 논박서 중 가장 예리하고 학리적이면서도 가장
격렬하고 수사학적인 논쟁서로 평가받는다.

1.2. 마니교의 교리와 습속

마니교에 관해서 서구에 가장 많은 자료를 제공한 사람은 그리스도교 교부
아우구스티누스였다. 그러나 그의 저술들은 마니교를 그리스도교의 이단
의 하나로 간주하여 맹공하던 반박서들이었고 마니교 본래의 교리나 종교
관습에 대해서 따로 알려진 바는 매우 적었다. 그러다 20세기 초엽, 이집트
와 서아시아에서 4~5세기 마니교 문헌들[24]이 대량으로 발굴되어 그 종교에
대한 학문적 연구가 활발해졌고, 그 덕분에 아우구스티누스의 마니교 반박
의 객관적 토대도 밝혀지는 중이다.

이 종파를 창시한 마니Mani[25]는 서기 216년(4월 14일) 페르시아 지배하의
바빌론 지방에서 출생하였고, 유대계 그리스도인 가정 출신으로 추정되는
데 '예수 그리스도의 사도'를 자처하였다. 그리스도교와 동양 종교 그리고
영지주의靈知主義가 혼합된 가르침을 펴던 마니는 페르시아의 종교 박해로

---

[23] 독자들 중에 "깨달음이 무척 느린 사람들"(본서 15,15)이라든가 "이해가 적어서 따라가
지 못하는 사람들"(24,24)도 있으리라는 언급도 있다.

[24] 중앙아시아의 'Turfan 문서', 이집트의 'Fayum 문서'로 알려진 마니교 문헌집으로는 『개
요』Kephalaia, 『교본』Pragmateia, 『생명의 복음』, 『생명의 진보(珍寶)』Thesaurus, 『신비의 서
책』, 『거인의 책』, 『기조 서간』Epistola fundamenti, 『시편집』Psalmi 등이 발굴되어 문헌 전부
의 비판본(cf., Codex Manichaicus Coloniensis)이 간행되는 중이다.

[25] Manes, Manichaeus 등으로도 표기된다.

277년(2월 26일) 순교하였지만 사후에 그 종교는 동서방으로 널리 퍼져 시리아와 이집트, 카르타고와 로마로 유입되었고 소아시아를 거쳐 중국에 이르면서 17세기까지 존속하였다.

20세기에 이루어진 마니교 연구와 새로 발굴된 경전들을 해독한 학자들이 소개하는 개요에 따르면, 인생고人生苦와 악惡의 문제를 놓고 번민하던 마니는 빛과 어둠, 선과 악의 영원한 두 원리가 상극으로 공존하는 우주관을 수립하였다. 이 두 원리가 거치는 원시대原始代와 지금의 중간대中間代 그리고 선악의 갈등이 종식되는 종말대終末代라는 세 시대를 설정한 뒤, 자연과 인간이 겪는 악의 발생을 해설하고 악으로부터의 해탈을 모색하였다.

태초에 '위대한 아버지'가 다스리는 평화의 왕국은 빛과 선의 영역이다. 그 대신 '어둠의 왕국'은 질료hyle를 최고 원리로 삼고 실체를 함께하는 다섯 세계 — 어둠, 물, 바람, 불, 연기 — 로 이루어져 각각에 '어둠의 지배자' princeps tenebrarum가 군림하고 있었다. 그러다 악령들gens tenebrarum이 우연히 빛의 세계를 목격하고 빛의 세계에 침범하면서 빛과 어둠이 상쟁하는 '중간대'가 시작한다. 빛의 아버지가 '산 것들의 어머니'를 불러내고 '원시 인간'을 파견하여 '어둠의 족속'을 대적하게 하는데, 첫 번 전투에서 어둠의 정령들이 '원시 인간'을 정복하여 그와 그의 무기가 품고 있는 빛의 편린을 삼켜 버리면서 빛과 어둠의 혼합commixio, 곧 선과 악의 혼합이 우주와 자연과 인생에 만연하게 된다.

그래서 두 번째로 '살아 있는 영'이 파견되는데, 그는 자기가 살육한 어둠의 지배자들의 몸을 가지고서 우주의 조물들을 만들어 낸다. 순수한 빛에서 해와 달이라는 '빛의 선박'을 창조하여 장차 어둠에서 해방되는 빛을 실어 오게 준비한다. 전투가 벌어지고 '세 번째 사절'tertius legatus이 파견되는데, 그는 '빛의 처녀'라고 불리는 열두 명의 '지존한 능력'virtutes altissimae을 거느리고 싸움에 임한다. 이 존재들은 아름다운 처녀와 미동으로 차림하고서 어둠의 족속인 정령들을 유혹하여 그들이 흡수해 간 빛의 편린을 토해내고 사정하고 유산시키게 만든다. 그렇게 풀려난 빛의 편린은 빛의 선박에 실려 빛의 세계로 옮겨 가지만 악령들한테서 어둠에 많이 물든 빛살은 지상으로 떨어져 식물들에게 깃들거나, 악령들에게 수태되어 있던 태아들은 지상으로 떨어져 짐승이 된다(곤충은 질료에서 저절로 발생한다). 마니교의 '간선자'揀選者(electi)들은 저런 식물과 과일을 복용하고 소화함으로써 그 속에 갇힌 빛의 편린을 해방시킬 본분을 띤다.

어둠의 지배자도 '원시 인간'에 맞서는 조물을 만든다. 어둠의 지배자가 자기 배우자와 교합하여 아담과 하와를 낳는데 그들은 빛(영혼)과 어둠(육체)을 함께 갖춘 소우주다. 곧 인류의 원조 아담과 하와는 신의 창조물이 아니고 악의 원리에서 나온 피조물이며, 그들이 교합하여 연달아 자식을 낳음으로써 빛의 편린이 여전히 물체 세계에 붙잡혀 있게 조처한 것이다. 이런 술수에 대항하려고 빛의 세계에서 '예수'도 파견되어 아담과 하와에게 천계의 영지를 계시하기도 한다.[26] 마지막에는 '간선자'들의 활약으로 물질에 갇힌 빛이 해방되고 '종말대'에 큰불이 일어나서 세계는 사라지며, 악의 원리와 실체는 어둠의 '구체'球體(globus) 속으로 영원히 갇히고 두 세계의 영구한 분리가 이루어진다.

---

[26] 마니교 교리에는 적어도 세 예수가 있다(『마니교도 파우스투스 반박』 20,11). Jesus patibilis(물질세계에서 뽑혀 나온 예수), Jesus filius dei(빌라도의 손에 죽은 하느님의 아들), Jesus splendor(계시를 펴는 예수로 빛의 선박에 거한다). 육체는 악의 원리에서 온 것이니까 마리아에게서 태어날 수가 없고 십자가에서 정말 죽은 예수는 빛에서 온 분일 수 없다.

2. 『선의 본성』 개요[27]

2.1. 본서의 구성

『재론고』(2,9)에서 아우구스티누스는 이 책 전반부에서 "하느님이 불변하는 본성이고 최고선임이 입증되며, 영적이든 물체적이든 그 밖의 자연 본성들은 그분에 의해서 존재하며, 또 자연 본성인 한 모두가 선함이 입증된다. 또 악이 무엇이고 어디서 유래하느냐를 논한다"고 소개하고, 후반부는 "선의 본성과 악의 본성을 설정한 오류 때문에 선의 본성에 많은 악을 부여하고 악의 본성에 많은 선을 부여하는" 모순을 반박했다고 자평한다.[28]

곧 본서의 방법론은 사반세기에 걸친 마니교 논쟁의 경험을 살려서, 처음부터 형이상학 이론으로 선악이원론을 원천 봉쇄하고서, 마니교도들도 대체로 수긍하던 신약성경을 주로 인용해서 이 사변적 논지를 실증적으로 방증하며, 마지막으로 마니교의 설화와 관습을 성토문 형식으로 분쇄하는 방법을 동원하고 있다.

아우구스티누스의 가장 간결한 저작인 본서는 세 부분으로 나뉜다. 서론(1-2절)은 본서의 주요 명제들을 먼저 제시하고 기본 논거도 간추려 소개한다. 제1부(3-23)는 객관적이고 냉정한 논리로 하느님이 최고선이자 최고 존재임을, 만유가 그분에 의해서 창조되었음을, 선한 하느님의 피조물로서 정도程度(modus)와 형태形態(species)와 질서秩序(ordo)를 갖추고 있는 이상 물질

---

[27] 본 해제는 다음 세 문헌을 크게 참조하여 간추린 글임을 밝혀 둔다: Francois Decret, "Introduzione generale", in *Sant'Agostino, Polemica con i manichei* in Nuova Biblioteca Agostiniana XIII/1 (Roma 1997); L. Alici, "Introduzione", in *La natura del bene* in Nuova Biblioteca Agostiniana XIII/1 (Roma 1997); G. Reale, "Saggio introduttivo", in *Agostino. Natura del bene* (Milano 2001); A.A. Moon, *The* De natura boni *of Saint Augustine* (Washington D.C. 1955).

[28] 『재론고』 2,9는 147쪽에 번역 수록되어 있다.

을 비롯한 만물이 선하다는, 그리스도교 존재론을 개진한다(3-11). 그리고 이 이론을 근거로 '악의 원리', '악한 사물', '악한 의지'의 존재를 주장하는 마니교의 이원론을 변증적으로 분쇄한다(12-23). 그다음 제2부(24,24-40,40)는 이러한 기본명제들을 그리스도교 경전이자 마니교도들도 인정하고 인용하는 신약성경에서 방증한다(구약도 인용된다). 제3부(41,41-47,47)는 모순율에 의거한 귀류법歸謬法을 동원하고 마니교의 문헌들을 직접 인용하여 마니교 교설과 습속을 반박한다.

무려 9년을 두고 그 종파에 몸담았던 데다 마니교도들이 늘 읽는 경전을 길게 인용해 가면서 마니교 교리와 습속에 담긴 모순을 반박하므로 반격의 여지를 별로 남기지 않는다. 그 종파 최고의 석학들이 아우구스티누스와 벌인 두 번의 공개 토론에서 패한 만큼 아우구스티누스의 논적이 되지 못했다.[29] 그 정도로 충분하다 싶었는지 본서 마지막(48)은 마니교도들이 본심은 다르지만 "현세적이고 지상적인 어떤 편익에서 오는 습관이나 그런 편익을 획득하려고 저처럼 사악한 신앙고백에 붙들려 있음을" 이해한다는 투로 그들에게 하느님의 자비를 빌면서 "바로잡으시는 당신의 손길에 얻어맞고서 당신의 형언할 수 없는 선하심을 향해 도망 오게 해 주십시오. 육적인 삶의 모든 덫보다 천상의 영원한 삶을 앞세우게 해 주십시오"라는 기도문으로 엮여 있다.

---

[29] 392년 8월 28~29일 히포에서 아우구스티누스가 마니교 주교 포르투나투스와 가진 공개 토론, 404년(혹은 398년) 12월 7일과 12일에 벌인 펠릭스와의 토론. 앞의 각주 11 및 17 참조. 더구나 로마제국 황실에서 마니교도들을 상대로 거듭 금교 칙령이 반포되던 참이었다.

2.2. 존재의 형이상학

① "최고선은 최고 존재다"

본서는 "그보다 상위의 것이 없는 최고선最高善(summum bonum)이 곧 하느님이다"(1)라는 선언으로 시작한다.[30] 하느님이 최고선이라면 "그 밖의 다른 모든 선들은 그분에 의해서가 아니면 존재하지 않으며 … 크든 작든, 천상적이든 지상적이든, 영적이든 물체적이든 … 하느님에 의해서 존재한다"(1). 최고선이 모든 선들의 원천이고, 선 가운데 존재存在(esse)가 가장 큰 선이므로 최고 존재가 다른 존재들의 원천이라는 논지는 플라톤의 사상이다.[31] 아우구스티누스는 '존재'存在에 상반된 것으로는 '무'無라는 개념밖에 없으므로 '선의 원리'에도 '선의 결핍' 외에는 상반자가 없음을 마니교도들에게 밝히고 싶어 한다. "최고로 존재하는 그분에게qui summe est 상반되는 것이라고는 존재하지 않는 것 말고는 없다. 따라서 선한 것은 무엇이든 그에 의해서 존재하듯이, 본연적으로 존재하는 것도 무엇이나 그분에 의해서 존재한다. 그 이유는 본연적으로 있는 것은 무엇이든 선하기 때문이다. 그러므로 모든 자연 본성自然本性[32]은 선하고 모든 선은 하느님에 의해서 존재

---

[30] 『두 영혼』*De duabus animabus* 8,10 참조: "하느님은 선이다. 하느님보다 상위의 것은 아무것도 없다. 하느님이 선이고 하느님보다 상위의 것이 아무것도 없다. 그러므로 하느님은 최고선이다."

[31] 플라톤 『공화국』*Respublica* 509 b-c 참조: "선의 이념이 인식과 진리의 원인이다. … 태양은 가견적인 것들에게 보일 수 있는 능력을 부여할 뿐 아니라 출생과 성장과 양육을 제공한다. 가지적인 것들에게도 선(善)으로부터 인식되는 일만 아니고 그 사물들의 존재와 본질도 거기로부터 온다. … 선은 존재의 최고 광휘다."; 플라톤 『향연』*Symposium* 210e-211a: "최고의 아름다움은 항상 존재한다. 낳지도 소멸하지도 않고 자라지도 줄지도 않는다."

[32] natura: 그리스어 οὐσία의 번역어로 그냥 '사물'을 가리킨다. 아우구스티누스 당대에도 substantia(실체), res(사물), natura(자연), essentia(존재자) 등으로 다양하게 번역되었다. 『자유의지론』 3,13,36 참조: "여기서 내가 '자연 본성'이라고 부르는 것은 보통 '실체'라고도 부르는 것이다. 무릇 실체라면 하느님이거나 하느님께로부터 유래한다. 온갖 선이 하느님이거나 하느님께로부터 유래하는 까닭이다."

하므로 모든 자연 본성은 하느님에 의해서 존재한다"(19).

아우구스티누스에게는 불변하는 존재자만이 참된 존재이며, 그에게 존재는 상존常存(manere)에 핵심이 있다.[33] 그리고 이러한 존재 개념을 자기가 성경에서 끄집어냈음을 천명한다. "우리 하느님이 당신 종에게 엄숙하고 신성하게 말씀하신 바 있다. '나는 있는 나다.' 너는 이스라엘 자손들에게 '있는 나'께서 나를 너희에게 보내셨다' 하여라.[34] 참으로 그분은 존재하니, 불변하기 때문이다. 모든 변화는 존재하던 것을 존재하지 않게 만든다. 그러므로 불변하는 자야말로 참으로 존재한다"(19).[35] 이처럼 '최고선' 하느님이 자연스럽게 '최고 존재'로 등치되면서[36] 존재하는 모든 사물이 최고 존재로부터 기원한다는 명제로 이어진다. "여하한 정도로, 여하한 형상으로, 여하한 질서로도 무엇이 존재한다면, 하느님이 존재하기 때문이고 그분에 의해서 만들어졌기 때문이다. 또한 그것들이 불변하지 않는다는 사실은 그것들이 만들어진 데가 무無이기 때문이다"(10).

② "존재하는 모든 것은 하느님으로부터 유래한다"

첫머리 첫 명제는 "선한 것들은 모두 최고선에서 유래한다"는 명제를 거

---

[33] 『삼위일체론』(성염 역주, 분도출판사 2015) 5,2,3: "변하지 않을 뿐만 아니라 전혀 변할 수 없는 것에만 존재한다는 말이 참으로 이론의 여지 없이 해당한다."

[34] 아우구스티누스는 구약성경 탈출기 3,14의 "나는 있는 나다"(ego sum qui sum)라는 라틴어 문구를 '하느님의 이름'으로 간주하고서 하느님의 본질이 '존재 자체'(ipsum esse)라는 뜻으로 풀이하여 자기 형이상학의 근간으로 삼는다.

[35] 교부는 신약성경 다음 구절에서도 그 논거를 끄집어낸다. 요한 8,58: "나는 아브라함이 태어나기 전부터 존재한다"(antequam Abraham fieret, ego sum).

[36] 교부는 이런 관점을 플라톤 철학에서 계승하였음을 인정한다. "플라톤은 세계가 둘 있다고 생각하였는데, 하나는 가지계(可知界)로서 진리가 항존하는 곳이고, 다른 하나는 감각계(感覺界)로서 우리가 시각이나 촉각으로 감지하는 세계임이 분명하다. 그러니까 저 세계는 참 세계이고 이 세계는 진리와 근사한 세계 혹은 저 세계의 모상으로 만들어진 세계다"(『아카데미아학파 반박』 3,17,37).

쳐서 "존재하는 모든 것은 최고선인 하느님으로부터 유래한다"로 발전했다.[37] 이어서 만물의 출현이 최고선의 본질의 유출流出이 아니고 무無로부터의 창조創造임을 명시한다. "그분 홀로 불변하다면, 그분이 만든 모든 것은 무에서 만든 것이기 때문에 가변적이다. 그분은 무에서도, 즉 전혀 존재하지 않는 것에서도 선한 것들을 만들 수 있을 만큼 전능하다. 그것이 크든 작든, 천상적이든 지상적이든, 영적이든 물체적이든 모든 사물을 무에서 만들었다"(1).[38] 그리고 아우구스티누스가 확립한 창조 개념은 "존재하지 않던 것이 존재할 수 있게 하였다"[39]는 명제이고, 달리는 '무로부터의 창조'creatio ex nihilo라고 표현되었다. 따라서 "그분에게서 만물이, 그분을 통하여 만물이, 그분 안에서 만물이 존재하므로 당신이 만들지 않은 어떤 재료에서 당신의 전능이 도움을 받을 필요가 없다"(27).

사상가들은 으레 세상을 여러 계층으로 구분하곤 한다.[40] 아우구스티누스는 창조론을 도입함으로써 존재계를 창조주와 피조계로 먼저 나누고서 세계를 영계靈界와 물질계物質界로 나눈다. "가변적이기도 한 모든 영과 모든 물체는 하느님에 의해서 존재한다. 모든 자연 본성은 영이거나 물체이거나 둘 중 하나다. 불변하는 영은 하느님이다. 그 대신 가변적인 영은 창조된 자연 본성이지만 물체보다는 더 좋다. 물체는 영이 아니다"(1). 여기

---

[37] "최고선(最高善)이 곧 하느님이다. 그 밖의 다른 모든 선들은 그분에 의해서가 아니면 존재하지 않는다"(1). 최고선은 "최고로 존재하는 분이므로, 선한 것은 무엇이든 그에 의해서 존재하듯이, 본연적으로 존재하는 것도 무엇이나 그분에 의해서 존재한다"(19).

[38] '무'(無, nihil)라는 부정대명사를 질료인(質料因)으로 간주하여 '무라는 질료에서'라고 우기려는 사람들에게 교부는 부정사의 문법적 기능을 지적하면서 친절한 설명을 제공하기도 한다(25).

[39] 『마니교 기조 서간 반박』Contra epistolam Manichaei quem vocant fundamenti 25,27 참조: "무로부터 만들었다. … 당신의 지혜를 통해 당신 능력으로 존재하지 않던 것이 존재할 수 있게 하였다(ut posset esse quod non erat)."

서 이원론의 한 극極인 '물질' 혹은 '질료'의 존재론적 위치가 규명되어야 한다. "저 질료라는 것, 옛사람들이 hyle[41]라고 부르던 그것도 악이라고 말하면 안 된다. 질료質料는 어떤 형상을 통해서 감지되는 것이 아니고 형상이라는 것을 일체 제거함으로써만 겨우 생각해 낼 수 있는 무엇이다. 그런데 그것도 형상forma들을 받아들일 수용력capacitas formarum은 가진다. 그러므로 만약 형상形相이 어떤 선이고, 형상으로 빼어난 사람들이 아름답다고formosi 불린다면, 그런 형상을 받아들일 수용력 역시 어떤 선이라고 해야 한다" (18).

③ 존재자들의 세 범주: 정도modus, 형상species, 질서ordo

아우구스티누스는 현상계의 모든 사물이 최고선 하느님에게 창조된 선한 것임을 입증하는 뜻에서 영계와 물질계의 모든 사물이 갖추고 있는, 형이상학적 범주 셋을 꼽으면서 이 셋을 전혀 갖추지 못한 사물이 하나도 없다고 단언한다. "우리 가톨릭 그리스도인들은 하느님을 섬기는데, 크든 작든 모든 선들이 그분에 의해서 존재하고, 크든 작든 모든 정도程度(modus)가 그분에 의해서 존재하며, 크든 작든 형상形象(species)이 그분에 의해서 존재하고, 크든 작든 모든 질서秩序(ordo)가 그분에 의해서 존재한다"(3).[42] 그의

---

[40] 플라톤이 세계를 이념세(理念界), 수리계(數理界), 감각계(感覺界)로 삼분하였다면 아리스토텔레스는 불변하고 영원한 초감각계, 감각적이지만 영구한 천체계, 그리고 우리가 경험하는 감각계로 나누고 각각의 세계에 '부동의 원동자', '천체 운동자' 그리고 지상의 '4원소'를 배치하였다. 플로티누스는 상위 세계에 일자(一者, Unum), 오성(悟性, Intellectus) 그리고 영혼(靈魂, Anima)을 배치한다.

[41] 그리스어 ὕλη는 토막 '나무'를 뜻한다. 아리스토텔레스 이래로 사물의 생성 변화 기저에 불변하는 요소를 가리키는 '질료'(質料)라는 철학 용어가 되었다. 마니교에서는 악의 원리 자체로 격하된다.

[42] 이 교부의 여러 저술에서 모든 존재자의 '초월적 특성'(transcendentalia)이라고 불릴 이 범주들을 열거한다.

저술에서는 이 세 요소가 mensura[척도(尺度)], numerus[수리(數理)], pondus[중심(重心)]로[43] 바뀌어 표기되기도 한다.[44] 본서에서는 이 셋을 하느님이라는 존재 자체가 존재자들에게 부여하는 '보편적인 선'bona generalia이라고 명명한다.[45] 그리고 교부는 이 세 용어와 개념을 우선 성경에서[46] 인용해 낸다(20).[47]

modus(mensura)란 그리스 철학 용어로는 μέτρον과 πέρας에 해당하고,[48] 사물의 존재가 '규정되어 있음'determinatum을 뜻한다. 사물은 규정되어야 인식과 파악의 대상이 되며 일정한 사물로 정초된다. species(numerus, forma)란 그리스어 ἰδέα, εἶδος(이념)의 라틴어 번역어다.[49] 사물의 형이상학적 구성을 설명하는 아리스토텔레스의 '질료 형상론'에 따르면 질료ὕλη는 무규정無規定이어서 오직 형상μορφή에 의해서만 그 사물에서 발생하는 변화를 관찰

---

[43] 본서 21,21에도 mensura(척도), numerus(수리), pondus(중심)라는 명칭이 언급된다. 『창세기 문자적 해설』*De Genesi ad litteram* 4,3,7: "척도가 모든 사물에 양태를 부여하고, 수리가 모든 사물에 형상을 부여하며, 중심이 모든 사물을 안돈과 항속에로 끌어간다."

[44] unitas, numerus, ordo로 나오기도 한다. 『삼위일체론』 6,10,12: "그러므로 신적 예술로 생겨난 저 모든 것들이 자체 안에 모종의 일성(一性)과 형상(形像)과 질서(秩序)(unitas, species, ordo)를 견지하고 있다. 저것들 가운데 어느 것이나 나름대로 '일자'(一者)이니 물체의 자연 본성과 영혼의 품성이 그렇다. 저것들 가운데 어느 것도 모종의 '형상'에 의해서 꼴을 갖추고 있으니 물체의 형태나 성질, 영혼의 지식이나 기술이 그렇다. 저것들 가운데 어느 것도 모종의 '질서'를 지향하거나 견지하고 있으니 물체의 비중이나 위치 점유, 영혼들의 사랑이나 유쾌함이 그렇다."

[45] "이 세 가지, 즉 척도, 형상, 질서는 하느님에 의해서 창조된 사물들 속에 있는 보편적인 선들(bona generalia)이며 이것들은 영에도 물체에도 똑같이 존재한다"(3).

[46] 지혜 11,20 참조: [불가타본] omnia in mensura et numero et pondere disposuisti["모든 것을 척도와 수리와 중심으로 처리하셨다"(『성경』: "당신께서는 모든 것을 재고 헤아리고 달아서 처리하셨습니다")].

[47] 『신국론』 11,15 참조: "극도로 하찮은 동물들의 경우에도 하느님이 창조하지 않은 자연본성은 하나도 없다. 하느님에게서 사물의 모든 척도(尺度)와 모든 형상(形像)과 모든 질서(秩序)가 있으며 이 세 가지 없이는 어떤 사물도 생기지 않고 생각할 수도 없다."

[48] 플로티누스 『엔네아데스』*Enneades* 1,8,2 참조: "선의 본성은 만유가 그것에 의존하고 만유가 그리로 향하는 것 … 만유의 척도요 규정"μέτρον πάντων καὶ πέρας이다.

할 수 있다. 교부에게는 그 사물에 고유한 형상을 부여하는 원인은 창조주다.⁵⁰ ordo(pondus)는 전체로 본 세계에서 차지하는 사물의 존재론적 위계를 표시하면서 특히 '중심'重心이라고 표현할 때에는 그 사물이 존재론적 비중에 따라서 본연으로 향하는 목적론적 지향을 가리키므로 "나의 사랑이 내 중심"amor meus pondus meum이라는 유명한 문구로도 표현된다.⁵¹

2.3. 악의 형이상학

① "악은 선의 결핍"

먼저 아우구스티누스가 보기에 악 자체는 존재하지 않는다.⁵² 그러면 자연현상에서, 인생고와 인간 행위에서 엄연히 체험하는 저 행악은 무엇인가? "악이란, 본연적인 정도나 형상이나 질서의 부패腐敗(corruptio) 외에 다른 것이 아니다.⁵³ 어떤 사물을 악하다고 하는 말은 '선의 결핍'privatio boni,

---

⁴⁹ 『자유의지론』 2,16,42 참조: 만물이 "형상(形相)을 지닌 것은 다름 아닌 수(數)를 지녔기 때문이다. 그들에게서 형상과 수를 제거해 보라. 허무가 될 것이다. 그러니 그 사물들이 수를 받은 분에게서가 아니면 누구에게서 존재를 받았겠는가? 그것들이 수에 귀속되는 그만큼 존재를 가지는 것이기 때문이다."

⁵⁰ 『신국론』 12,26 참조: "창조주는 생명 있고 지성 있는 자연 본성의 내밀하고 신비로운 자의(自意)에다 작용인(作用因)을 두는 형상으로서, 물체의 본연적 형상들을 창조할 뿐만 아니라 살아 있는 생명체들의 영혼 자체를 창조한다."

⁵¹ 『고백록』 13,9,10 참조: "물체는 제 중심(重心)에 따라서 제자리로 기웁니다. … 불은 위로 향하고, 돌은 아래로 향합니다. 제 중심을 향해 움직이면서 제자리를 찾습니다. … 제 중심은 저의 사랑입니다(amor meus pondus meum). 사랑으로 어디로 이끌리든 그리로 제가 끌려갑니다(eo feror quo feror). 당신 선물로는 저희가 불타오르고 위로 이끌려 갑니다. 타오르면서 갑니다."

⁵² 『고백록』 7,13,19 참조: "물론 당신께는 악이란 전혀 없습니다. 당신께만 아니고 당신의 창조계 전체에도 악은 없습니다. 그 까닭은 당신 밖에도 무엇이 있어서 당신께서 창조계에 부여하신 질서를 침범하고 부패시킬 만하지 않기 때문입니다."

⁵³ nihil aliud est quam corruptio modi [boni]: 악에 실체성을 부여하지 않고, 본연적으로 있어야 할 선(善)의 '결손'(defectus) 혹은 '결핍'(privatio) 혹은 '손상'(vitium)으로 정의하고 있다.

마땅히 있어야 할 선의 결핍 외에 다른 것을 가리키지 않는다. "어느 자연 본성에게도 선의 감소 외에는 악이 없다. 그리고 감소된다 해도 아무 선도 없을 만큼 완전히 소멸된다면, 거기에는 아무런 자연 본성도 남지 않을 것이다"(17). 이 명제는 마니교가 내세우는 '어둠의 세력' 혹은 '악의 원리'의 존재 근거를 박탈해 버린다. "어떤 자연 본성이 부패되었을 때에 '나쁜 자연 본성'이라고 한다. 부패하지 않은 자연 본성은 물론 선하다. 그러나 그 부패한 자연 본성도, 자연 본성이라는 점에서는 선하다. 단지 부패되었다는 점에서는 나쁘다"(4). 그러니까 "나쁜 정도, 나쁜 형상, 나쁜 질서 따위의 말은, 그것이 마땅히 존재해야 할 정도에 못 미칠 때에, 본래 적합하도록 되어 있는 사물들에 적합하지 못할 경우에 쓰인다"(23). 이것들을 다 제거해 버리면 그것이 '악한 사물'res mala이 되는 게 아니라 '아예 존재하지 않는다'.

② 악은 죄악罪惡과 죄벌罪罰

인류가 일반적으로 보는 악을 물리악物理惡과 윤리악倫理惡으로, 혹은 죄악과 죄벌peccatum et poena peccati로 구분하여 논한 것도 아우구스티누스의 공적이다. 고苦라는 물리악에 관해서 마니교의 선악이원론을 극복하더라도 윤리악은 여전히 문제로 남는다. 교부는 악이라는 원리의 존재, 악한 사물의 존재를 인정하지 않으면서, 악을 저지르는 의지도 선이고 그 의지가 감행하는 악행의 대상도 선임을 강조한다. 그렇다면 죄악은 의지가 악한 사물을 선택하는 것도 아니고 — 악한 사물이란 당초 존재하지 않으니까 — 선 대신 악을 택하는 것도 아니며 — 악의 원리가 따로 존재하지 않으니까 — 단지 인간 의지가 상위의 선 대신 하위의 선을 선택 결단하는 데 있다. "죄는 나쁜 자연 본성을 탐함이 아니고 보다 좋은 자연 본성을 유기함이다. 그리고 그런 행동이 악하지, 죄짓는 사람이 나쁘게 이용하는 자연 본성이 나쁘지 않다. 그러므로 악이란 선을 남용함이다"(36).

이렇게 죄 혹은 윤리악에 대해 "나쁜 자연 본성의 탐욕貪慾(appetitio naturarum malarum)이 아니고 보다 나은 자연 본성의 유기遺棄(desertio meliorum)" 혹은 "선을 남용함"male uti bono 혹은 "의지의 전도顚倒"subversio voluntatis 등의 용어를 동원함으로써 교부는 악은 사물의 본성에 달린 객관의 문제가 아니고 선을 이용하는 인간의 선택과 의지라는 주관에 달려 있음을 강조한다. 의지는 보다 나은 선과 보다 못한 선 사이에서 선택해야 하는 '중간선'bonum medium일 따름인데 "의지가 공통되고 불변하는 선에 등을 돌려 배향背向(aversio)하고 자기가 정한 선이나 열등한 선에로 전향轉向(conversio)"[54]함에서 윤리악이 발생한다. 그리고 의지의 그런 배향, 전향은 그 주체를 손상시키고 부패시키므로 이런 작용을 초래하는 적극적 원리나 원인을 찾아서는 안 된다.[55] 이렇게 스스로 원해서 부패하는 자유의지의 주체 곧 "이성을 갖춘 영들이 만일 복종을 유지하기를 싫어한다면, 그들은 원하면서 죄 속으로 부패해 가는 것이므로, 원하지 않더라도 죄벌 속으로 부패해 들어감이 마땅하다"(7).[56]▶

---

[54] 『자유의지론』 2,19,53 참조: "의지 자체는 중간선에 불과하기 때문에, 공통되고 불변하는 선에 결속됨으로써 인간의 첫째가고 위대한 선들을 획득한다. 따라서 의지가 공통되고 불변하는 선에 등을 돌려 배향(背向)하고 자기 것으로 정한 고유한 선이나 외적인 선이나 열등한 선에로 전향(轉向)하는 경우에 악을 범한다."

[55] 『신국론』 12,7 참조: "아무도 악한 자유의지의 작용인을 찾아서는 안 된다. 거기에는 작용인(作用因)이 존재하지 않고 결함인(缺陷因)이 존재한다. 그것이 작용(作用)이 아니고 결함(缺陷)이기 때문이다(causa malae voluntatis non est efficiens, sed deficiens, quia nec illa effectio sed defectio). 최고로 존재하는 자로부터 더 못하게 존재하는 사물로 떨어져 나가는 것, 바로 이것이 악한 의지를 가지기 시작함이다."

3. 본서의 마니교 비판

본서 제1부의 형이상학과 이 논지에 대한 제2부의 성경 논증은 마니교의 핵심인 선악이원론을 '하느님은 존재 자체이므로, 그 반대는 비존재(무)밖에 없다'는 논지로 원천 봉쇄하였다. 하느님은 최고선이므로 모든 선은 하느님께로부터 유래한다. 하느님의 무한한 창조 능력을 전제하므로 마니교도들에게 어둠의 다른 이름인 '물질'(질료) 역시 하느님의 피조물이고 따라서 선하다. 이 논증에 근거해서 본서 제3부(41-47)에서 교부는 마니교 경전 『기조 서간』*Epistola fundamenti*(42), 『생명의 진보』*Thesaurus*(44) 등을 직접 인용하여 마니교 신화와 습속에 포함된 논리적 모순을 비판한다.

3.1. 물질이라는 '제2의 하느님'

마니교는 '원시대'부터 존재하면서 영원하고 동등하며 조금도 존재를 의존하지 않는 두 원리, 곧 빛과 어둠, 선과 악, 선의 지배자와 악의 지배자, 하느님과 물질을 상정하였다. 더구나 빛도 어둠도 그들에게는 물체의 성격을 가지는 감각적 존재다. 이렇게 "마니교도들은 두 가지 본성을 끌어들이는데 … 하나는 선한 자연 본성이고 하느님이라고 부르며, 다른 하나는 악하고 하느님이 만들지 않은 자연 본성이라고 한다"(41). 세계의 기원이 '최고선에 의한, 무로부터의 창조'creatio ex nihilo a bono supremo라고 주장해 온 교부에게 마니교가 물질을 하느님과 대등하고 영원한 존재로 간주함은 '제2의 하느님'alter deus을 도입하는 착상이다.[57] 그러면 악은 그 자체로 영원으로부

◀[56] "이성을 갖춘 자연 본성은, 벌을 받지 않고 죄 속에서 즐거워하는 것보다는 정당하게 형벌을 받으며 괴로워하도록 질서 지어졌기 때문이며, 그런 질서가 더 큰 선이기 때문이다. 하지만 벌을 받는 그 사물도 약간이나마 정도와 형상과 질서를 간직하고 있는 이상, 어떤 극단에까지 가 있더라도 여전히 어떤 선이다"(9).

터 존재하고, 물질이 악이고 물질에서 나온 물체들은 악한 것이 되며, 인간 편에서는 무슨 노력과 방도로도 악을 존재계에서 퇴치할 수 없다는 비관론이 나온다.

3.2. 선악이원론이 하느님께 끼치는 손상

그리고 '빛과 어둠의 혼합'이라는 '중간대'에 관한 마니교의 설화에 따르면, 선의 원리인 하느님이 어둠의 세력에 늘 위협과 침범을 당하고, 하느님의 실체에서 나오는 '원시 인간'들이 어둠의 족속에게 사로잡히면서 하느님의 실체가 줄어들므로 하느님은 전적으로 선하지도 전능하지도 못한 존재처럼 되고 만다. '종말대'에도 빛의 편린 일부는 영구히 어둠의 구체球體[58]에 갇혀 있게 된다면 빛의 원리는 영구히 상처 입은 채로, 본래보다 축소된 채로 남는다. 어둠의 구체에 영원히 갇힌 빛의 편린들 — 멸망한 영혼들 — 은 하느님과 한 실체實體이므로 결국 하느님이 멸망했다는 논리가 된다. 또 악의 원리인 어둠이 빛이 좋아서 희구하면서 흡수하고 모든 술수를 다해 사로잡은 빛을 간직하고 싶어 한다면, 선과 절대로 상극되는 순수한 악의 원리가 아니다. 이래서 마니교 신화는 절대 상극의 선악이원론을 내세우면서도 악의 원리에 많은 선을 부여하고 선의 원리에 많은 악을 부여함으로써 이원론 자체를 뒤집는 우를 범하고 있다는 지적을 받는다.

"두 가지 자연 본성을 끌어들이는 그들은 하나는 선한 본성이고 하느님이라고 부르며, 다른 하나는 악하고 하느님이 만들지 않은 본성이라고 한

---

[57] "저 질료라는 것, 옛사람들이 hyle라고 부르던 그것도 악이라고 말하면 안 된다. 내가 말하는 질료는 마니카이우스가 물체를 형성해 낸다고 일컫은 그 hyle가 아니다. 마니카이우스가 '제2의 하느님'을 도입하였다는 말까지 나온다. 하느님 말고는 그 누구도 물체들을 형성해 내고 창조할 수 없다"(18).

[58] 마니교는 악이 영속하는 '어둠의 구체'(globus tenebrarum)라는 것을 생각해 냈다.

다. … 그들은 보지를 못한다. 자기네가 최고악最高惡의 자연 본성이라 일컫는 사물에도 수많은 선을 부여하고 있음을, 더구나 자기네가 최고선이라고 일컫는 사물에도 엄청난 악을 부여하고 있음을!"(41). "일체의 정도, 일체의 형상, 일체의 질서는 다 주 하느님에 의해서 존재한다"(13)고 전제한 아우구스티누스로서는 그들이 최고악에 '생명, 능력, 건재, 기억력, 인식, 기질, 위력, 풍요, 지각, 빛, 감미, 척도, 수리, 평화, 정도, 형상, 질서' 등 무려 17개의 긍정적 속성을 부여하는가 하면, 하느님이라는 최고선에 사실상 부여하고 있는 '죽음, 병고, 망각, 어리석음, 당혹, 무력함, 빈궁, 우둔, 맹목, 고통, 사악, 수치, 전쟁, 무절제, 기형, 부조리' 등 16개의 술어를 꼽는다.

구체적으로 말해서(43), '빛의 임금'이 어둠의 정령들에게 위협당하고 침범당하는 사태를 태초에 예견 못하였음은 하느님의 전지를 의심스럽게 만든다. 하느님이 자신을 방어하는 일에 아쉬워 '산 것들의 모친'을 불러내고 '원시 인간'을 불러내고 그 원시 인간은 다섯 아들과 더불어 싸움에 나서지만 어둠에 진압당해 어둠의 구체에 갇혀 선악의 혼잡, 빛과 어둠의 혼합이 발생한다는 설명은 하느님의 전능을 우스꽝스럽게 만든다. 이 모든 설화는 하느님에게 엄청난 변화를 전제하는데, 하느님의 본질은 불변에 있으므로 마니교는 하느님의 가장 중요한 속성을 훼손한다. 그리고 어둠의 지배자에게 사로잡힌 '원시 인간'도, '세 번째 사절'도 하느님의 실체와 동일하다는 유출설은 결국 하느님의 실체가 물질에 삼켜져 갇히고 '종말대'에도 그것을 온전히 해방시키지 못한다는 역사관, 곧 선의 원리의 부분적 패배로 끝나는 비관론을 담고 있다.

3.3. 마니교의 비관적 인간관

'원시 인간'의 탄생이며, 어둠의 정령을 유혹하는 빛의 처녀들이며 미소년들의 이미지는 성애性愛를 물질의 가장 어두운 본성으로 간주하고 마니교 '간선자'들에게도 절대 금욕을 요구하는 그들의 윤리와도 상반된다. 첫 인간 아담과 하와의 탄생을 보면, 그 둘이 '광명의 모상'이기는 하지만 물질 속에 혼합된 빛의 편린을 붙잡아 두려고(46), 하느님의 창조에 맞설 만한 창조 사업으로 어둠의 지배자들이 교합하여 두 인간을 낳는다고 설명되어 있다(44). 그러면서도 종교의식의 정화淨化는 영혼을 신체의 감옥에서 해방시킨다고, 간선자들이 채소와 과일을 섭취함으로써 거기 갇힌 빛의 편린들을 소화시켜서 해방시킨다니 얼마나 유치한 설명인가?(47).

4. 마니교 논쟁에서 『선의 본성』의 위치

『선의 본성』은 주제 전개나 내용 구성으로 보아 마니교 논쟁 마지막 서적이지만 이 논쟁 전체에 관심 있는 독자로서는 가장 먼저 읽을 만한 교본으로 간주된다. 아우구스티누스가 당시 제국에서 박해를 거듭 받아 밀교로 변모하며 지하에 숨어들던 마니교도들을 상대로 정치권력을 업고 일방적 공격을 가하지 않았나 하는 의구심도 없지 않다. 다만 본서에서 직접 인용되는 마니의 『기조 서간』이나 마니교 경전 『생명의 진보珍寶』와 20세기 초엽에 발굴된 마니교 문헌들을 대조한다면 그의 반박이 객관적 교리와 마니교 습속을 토대로 이루어졌음이 밝혀지는 중이다.

이 객관성 면에서 『마니교도 세쿤디누스 반박』*Contra Secundinum Manichaeum*이 특히 관심을 끄는 것은 책자 전반부에 마니교 평신도 세쿤디누스의 서한[59]을 그대로 실어 놓았다는 점이다. 한때 자기네 열렬한 신도auditor였고,

---

[59] 「마니교도 세쿤디누스가 아우구스티누스에게 보낸 편지」(Secundini Manichaei ad Sanctum Augustinum epistola)라는 제목으로 실려 있다.

로마 체류나 황실 교수 취임에 자기네 후원을 받기도 했던 아우구스티누스에게서 무려 사반세기에 걸쳐 끈질긴 공격을 받으면서도 스스럼없이 마니교도 입장에서 아우구스티누스에게 옛 신앙으로 돌아오라고 권유하는 서한 본문을 교부가 첨삭 없이 저서에 그대로 수록하고서 한 구절 한 구절 반박하는 모양은 서구 논쟁사의 드문 사례다.[60]

아우구스티누스의 마니교 비판 요지는 '악이란 선에 맞서 실재하는 실체가 아니다'라는 문장으로 요약된다. 악은 '선의 결핍'privatio boni일 뿐이다. 양심적인 지성들로 하여금 "보다 나은 것이 무엇인지 나는 알고 그렇다고 다짐까지 하고서는 정작 보다 못한 짓을 따르고 만다"[61]고 탄식하게 만드는 윤리악은 결국 인간의 자유의지에서 유래함을 인정하라고 설파한다. 생로병사生老病死라는 물리악보다 개인적·집단적 이기심으로 저지르는 윤리악에 시선을 먼저 돌리는 사람만이 개인적·집단적 노력으로 윤리악과 물리악을 줄이거나 퇴치할 수 있으리라는 희망을 갖게 된다. 마니교를 비롯해서 여러 사조가 내세우는 선악이원론은 도덕적이어야 할 인간과 인류에게 가장 절망적인 기만이라면서, 악의 문제에 관해 그리스도교 사상사에서 아우구스티누스만큼 결정적 답변을 찾아낸 사람이 없다.

진지하게 사유하고 고민하는 지성인이라면 누구든지 삶에 만연한 악 앞에서 충격을 받고 악의 기원(undem malum?)을 묻게 된다. 아우구스티누스 당대에 북아프리카에 세력을 떨치던 마니교는 이 문제에 신화神話로 접근하였는데 결국 이원론을 수립함으로써 악의 극복을 두고 비관론을 오히려 악

---

[60] 『재론고』 2,10: "그 소책자의 첫머리에 누가 누구에게 썼는지 내가 밝히지 않았으므로 그 소책자는 내 서간집에 들어가지 않고 내 단행본에 삽입하였다. 저술의 시작에 그의 서간 본문을 실어 놓았다."

[61] video meliora proboque et sequor deteriora: 오비디우스 『변신 이야기』 *Metamorphoses* 7,20.

화시킨다. 그 대신 악을 단순히 '선의 결핍'으로 정립한 신플라톤 이론은 선의 절대성을 강조하여 이원론을 차단하지만 현실 악을 척결하는 방도를 내놓지 못하였으므로 아우구스티누스는 그리스도교 신학에 입각하여 '창조'와 '구속'이라는 구체 해법을 모색한다. 그의 사색으로 최고선의 선한 창조물들만 존재한다지만 물리악과 윤리악으로 붕괴되는 질서를 목격하는 인간들에게 그 질서를 회복하는 하느님의 개입, 곧 은총이 인류의 사유 속에 정립된 것이다. 마니교도들이 말하듯이, 최고선인 하느님은 악에 침범당하고 휘둘리고 위협당하는 존재가 아닐뿐더러, 자유의지를 갖춘 인간이 창조된 선을 악용하는 데 벌을 내리면서도 저질러진 악을 선용하여 구원을 베푸는 분으로 소개된다.

5. 번역 대본과 현대어 번역본

(1) 『선의 본성』*De natura boni*의 번역은 Corpus scriptorum ecclesiasticorum latinorum (CSEL) XXV pars 2 (Vindobonae 1892)에 수록된 Joseph Zicha의 비판본 *De natura boni liber unus*를 대본으로 삼았다.

(2) J. Zicha는 위의 비판본을 마련하는 데 다음의 수사본을 주로 따랐음을 명기하고 있다.

    S   codex Sangallensis 152, saec. IX
    P   codex Parisinus 13360, saec. IX
    G   codex Sangallensis 148, saec. IX
    A   codex Admuntensis 712 (ex 55) saec. XII
    V   codex Vindobonnensis 1009, saec. XII

L   codex Laudunensis 128, saec. XIII

b   editio princeps, Basileae 1506 apud Io. Amerbachium

(3) 본서의 인쇄 초판본editio princeps들은 아래와 같이 소개된다.

Amerbach, Basileae 1506

Erasmus, Basileae 1528

Theologi Lovanenses, Lugduni 1576

Maurini, Parisiis 1688 (Migne 1865)

(4) 『선의 본성』의 현대어 번역본들은 아래와 같으며 *로 표시된 작품은 역주자가 본서의 해제와 각주에 크게 참조한 것들이다.

프랑스어본:

H.B. Roland-Gosselin, *De natura boni*, Oeuvres de Saint Augustin I: La morale chretienne (Bibliothèque Augustinienne) (Paris 1949)

이탈리아어본:

* Luigi Alici, *La natura del bene*, Nuova Biblioteca Agostiniana XIII/1 (Roma 1997)

* Giovanni Reale, *Agostino. Natura del bene* (Milano 1995)

스페인어본:

M.A.S. De Cavalho, *A naturalezza do bem* (Porto 1992)

M. Lanseros, *Naturaleza del bien contra los maniqueos*, Obras completas de

San Agustin III (Biblioteca de Autores Cristianos) (Madrid 1951/1971)

M.D. Paladini, *De natura boni* (Tucuman, 1945 / Bogota 1952)

영어본:

*A.A. Moon, *The* De natura boni *of Saint Augustine* (Washington D.C. 1955)

J.H.S. Burleigh, *On the Nature of the Good*, The Library of Christian Classics VI, Augustine, Early Writings (London 1953)

A.H. Newman, *The Nature of Good against the Manichaeans*, A Select Library of the Nicene and Post-Nicene Fathers of the Christian Church, IV [Grand Rapids 1956(Buffalo 1887)]

독일어본:

* B. Berges, B. Gobel, F. Hermanni, *Die Natur des Guten*, Augustinus Opera 22 (Paderborn-München-Wien 2010)

J. Barbel, *De natura boni*, in Schriften der altchristlichen Zeit I (Düsseldorf 1960)

S. Mitterer, *De natura boni*, Des heiligen Kirchenvaters Aurelius Augustinus (Bibliothek del Kirchenvater XLIX) (München 1925)

P. Simnon, *De natura boni*, Dokumente der Religion I (Paderborn 1923/1962²)

Avrelivs Avgvstinvs

DE NATURA BONI

❦

아우구스티누스
선의 본성

본문

Aurelius Augustinus *DE NATURA BONI*

1. Summum bonum, quo superius non est, deus est; ac per hoc incommutabile bonum est; ideo uere aeternum et uere immortale. Cetera omnia bona nonnisi ab illo sunt, sed non de illo. De illo enim quod est, hoc quod ipse est; ab illo autem quae facta sunt, non sunt quod ipse. Ac per hoc si solus ipse incommutabilis, omnia quae fecit, quia ex nihilo fecit, mutabilia sunt. Tam enim omnipotens est, ut possit etiam de nihilo, id est ex eo, quod omnino non est, bona facere, et magna et parua, et caelestia et terrena, et spiritalia et corporalia. Quia uero et iustus est, ei, quod de se genuit, ea, quae de nihilo fecit, non aequauit. Quia ergo bona omnia, siue magna siue parua, per quoslibet rerum gradus non possunt esse nisi a deo; omnis

---

[1] quo superius non est: 『그리스도교 교양』(성염 역주, 분도출판사 1988, 2011²) 1,7,7: "그보다도 더 훌륭하고 더 고귀한 것이 없으리라는 어떤 것"(quo nihil sit melius atque sublimius)이 하느님의 철학적 정의다.

[2] 『서간집』*Epistulae* 18,2: "우리는 무엇이 존재한다고 말할 적에 그것이 항속하는 한에서 그렇게 말한다(esse dicimus inquantum manet)." 선의 원리가 악의 원리로부터 침해를 당한다는 마니교 이원론에 맞서 아우구스티누스는 항속과 불변을 존재의 첫째 가치로 간주한다.

아우구스티누스 『선의 본성』

하느님은 불변하는 최고선이고 영적이든 물질적이든 모든 선의 창조자다

1. 그보다 상위의 것이 없는[1] 최고선最高善이 곧 하느님이다. 그리고 바로 그 점에서 하느님은 불변하는 선이요[2] 따라서 참으로 영원하고 참으로 불멸하는 선이다. 그 밖의 모든 선들은 그분에 의해서가 아니면 존재하지 않으며 그렇다고 그분으로부터 존재하는 것은 아니다.[3] 그분으로부터 존재하는 것은 바로 그분 자신이고, 그분에 의해서 만들어진 것은 그분 자신이 아니다. 그러므로 그분 홀로 불변하다면, 그분이 만든 모든 것은 무無에서[4] 만든 것이기 때문에 가변적이다. 그분은 무에서도, 즉 전혀 존재하지 않는 것에서도 선한 것들을 만들 수 있을 만큼 전능하다. 그것이 크든 작든, 천상적이든 지상적이든, 영적이든 물체적이든 모두 무에서 만들었다. 그러나 또한 그분은 의로우므로, 당신에게서 낳은 것과, 무에서 만든 것을 동등시하지 않았다. 사물들의 어떤 서열을 통해서 드러나듯 큰 것도 작은 것도 선

---

[3] 아우구스티누스의 존재론에서 '하느님에 의해서'[ab illo, ex illo(이하 27절)] 창조된 피조물과, 하느님의 실체(實體)에서, 또는 '하느님으로부터'(de illo) 나온 신적 위격(성자와 성령)은 전치사로 엄연히 구분되며, 이 구분은 세계를 하느님의 본체에서 흘러나오는 '부분'(pars)으로 보는 유출설(流出說)을 원천적으로 차단한다. '하느님에 의해서 무로부터'[a deo de nihilo (8)]라는 표현도 나온다.

[4] ex nihilo: '아무것도 없이' 또는 '말씀과 명령만으로'(26)라는 이 문구로 선악이원론은 배제되고 피조물의 가변성도 설명된다. '무'(nihil)를 '어떤 무엇'처럼 적극적으로 해석하려는 억지는 이하(25)에서 논박한다.

선의 본성 41

autem natura, in quantum natura est, bonum est: omnis natura non potest esse nisi a summo et uero deo, quia omnia etiam non summa bona, sed propinqua summo bono et rursus omnia etiam nouissima bona, quae longe sunt a summo bono, non possunt esse nisi ab ipso summo bono. Omnis ergo spiritus, etiam mutabilis, et omne corpus a deo: haec est omnis facta natura. Omnis quippe natura aut spiritus aut corpus est. Spiritus incommutabilis deus est, spiritus mutabilis facta natura est, sed corpore melior; corpus autem spiritus non est, nisi cum uentus, quia nobis inuisibilis est, et tamen uis eius non parua sentitur, alio quodam modo spiritus dicitur.

2. Propter eos autem, qui, cum intellegere non possunt omnem naturam, id est omnem spiritum et omne corpus naturaliter bonum esse, mouentur spiritus iniquitate et corporis mortalitate et ob hoc aliam naturam maligni spiritus et mortalis corporis, quam deus non fecerit, conantur inducere: sic arbitramur ad eorum intellectum, quod dicimus, posse perduci. Fatentur enim omne bonum non

---

[5] natura:『자유의지론』(성염 역주, 분도출판사 1998) 3,13,36: "여기서 내가 '자연 본성'이라고 부르는 것은 보통 '실체'라고도 부르는 것이다." 본서에서는 '자연 본성'(自然本性) 또는 '본성'(本性)으로 번역해 본다.

[6] 아우구스티누스에게 존재계는 '불변하는 비물질적 영'(하느님), '가변적인 비물질적 영'(천사와 영혼) 그리고 '가변적 물체' 세 위계로 나뉜다.

한 모든 것은 하느님에 의해서가 아니면 존재하지 못한다. 그러니까 모든 자연 본성自然本性5은 그것이 하나의 자연 본성인 한, 선이다. 그리고 일체의 자연 본성은 최고이며 참된 하느님에 의해서가 아니면 존재하지 못한다. 왜 그런가 하면 모든 것들이 최고선은 아니고 최고선에 가까울 따름이며, 동시에 최고선으로부터 가장 멀리 떨어진 마지막 선들도 역시 바로 그 최고선에 의해서가 아니고는 존재하지 못하는 까닭이다. 그러므로 가변적이더라도 모든 영靈, 그리고 모든 물체物體는 하느님에 의해서 존재한다. 창조된 모든 자연 본성이 이렇다. 무릇 모든 자연 본성은 영이거나 물체이거나 둘 중 하나다. 불변하는 영은 하느님이다. 그 대신에 가변적인 영은 창조된 자연 본성이지만 물체보다는 더 좋다.6 물체는 영이 아니다. 바람은 비록 우리에게 안 보이지만 그 위력이 작지 않게 느껴지기 때문에 어느 모로 영이라고도 말한다.7

마니교도들을 바로잡는 데 어떻게 하면 족한가

2. 모든 자연 본성, 다시 말해서 모든 영과 모든 물체가 본연적으로 선이라는 사실을 이해 못하는 사람들은 영의 사악함 때문에나 물체의 사멸성 때문에 당황한다. 그리하여 악한 영과 사멸하는 육체의 자연 본성, 즉 하느님이 만들지 않은 자연 본성을 따로 도입하려고 시도한다.8 그래서 우리가 하는 말이 그런 사람들에게도 이해될 수 있으리라는 것이다. 그들도 모든 선이 최고이며 참된 하느님에 의해서가 아니면 존재할 수 없다고 공언하는

---

7 '영'을 가리키는 라틴어 spiritus가 '바람 불다'(spiro)에 어원을 두므로 물체와 신령을 구분 못하면 '바람'(ventus)은 저절로 '영'을 연상시켰다.

8 인간에게서 관찰되는 윤리악[악의(iniquitas)]과 물리악[사멸(mortalitas)]이 마니교도 같은 이원론자들에게는 '악한 영'(malignus spiritus)과 '사멸하는 육체'(mortale corpus)가 하느님 아닌 다른 원리에서 유래하는 것처럼 보였다.

esse posse nisi a summo et uero deo, quod et uerum est et ad eos corrigendos, si uelint aduertere, sufficit.

3. Nos enim catholici christiani deum colimus, a quo omnia bona sunt seu magna seu parua; a quo est omnis modus, siue magnus siue paruus; a quo omnis species, siue magna siue parua; a quo omnis ordo, siue magnus siue paruus. Omnia enim quanto magis moderata, speciosa, ordinata sunt, tanto magis utique bona sunt; quanto autem minus moderata, minus speciosa, minus ordinata sunt, minus bona sunt. Haec itaque tria: modus, species et ordo, ut de innumerabilibus taceam, quae ad ista tria pertinere monstrantur, haec ergo tria: modus, species, ordo, tamquam generalia bona sunt in rebus a deo factis siue in spiritu siue in corpore. Deus itaque supra omnem creaturae modum est, supra omnem speciem, supra omnem ordinem; nec spatiis locorum supra est, sed ineffabili et singulari potentia; a quo omnis modus, omnis species, omnis ordo.

---

[9] 아우구스티누스가 마니교도들과 벌이는 모든 논쟁의 초점은 '모든 선이 최고선에 의해서 존재한다'는 명제로 ('존재하는 모든 사물은 선하다'는 중간 명제를 거쳐) 그들의 선악이원론을 봉쇄하는 데 있다.

[10] 이 교부의 여러 저술에서 모든 존재자가 갖춘 '보편적 선'(bona generalia)이라고 부르는 modus, species, ordo를 열거하고 이하에 해설한다. 본서 21절에서는 mensura(尺度), numerus(數理), pondus(重心)로 명칭이 바뀌기도 한다. "첫째는 존재하는 원리로서 원인을 가리키고(causa ut sit), 둘째는 이것이나 저것이 되는 형상을 가리키고(species per quam hoc vel aliud sit), 셋째는 그 사물로 존속하는 목적을 가리킨다(manentia in qua sit)"(『서간집』 11,3).

까닭이다. 이것은 참말이므로, 그들이 주의 깊게 살피고 싶어 한다면, 그들을 바로잡는 데 충분하다.⁹

정도와 형상과 질서는 하느님에 의해서 창조된 모든 사물에 있는 보편 선이다

3. 우리 가톨릭 그리스도인들은 하느님을 섬기는데, 크든 작든 모든 선善들이 그분에 의해서 존재하고, 크든 작든 모든 정도程度가 그분에 의해서 존재하며, 크든 작든 모든 형상形象이 그분에 의해서 존재하고, 크든 작든 모든 질서秩序가 그분에 의해서 존재한다.¹⁰ 모든 것은 보다 절도 있고, 보다 아름답고, 보다 질서 있을수록¹¹ 그만큼 더 선하고, 덜 절도 있고 덜 아름답고 덜 질서 있을수록 그만큼 덜 선하다. 그러므로 이 세 가지, 정도, 형상, 질서는 이것들에 속하는 다른 무수한 속성들은 묵살하더라도, 이 세 가지, 즉 정도, 형상, 질서는 하느님에 의해서 창조된 사물들 속에 있는 보편적인 선들이며 이것들은 영에도 물체에도 똑같이 존재한다. 그렇다면 하느님은 피조물의 모든 정도 위에 존재하고 모든 형상 위에, 모든 질서 위에 존재한다.¹² 그것도 장소들의 공간에 의해서 위에 있는 것이 아니고¹³ 형언할 수 없고 유일무이한 능력에 의해서 위에 있다. 모든 정도, 모든 형상, 모든 질서가 그분에 의해서 존재한다. 이 셋이 큰 곳에서는 선도 크다. 그리

---

¹¹ 라틴어 moderatus(절도 있다)는 modus에서, speciosus(아름답다)는 species에서, ordinatus(질서 있다)는 ordo에서 유래하는 형용사다.

¹² 『마니교도 반박 창세기 해설』*De Genesi contra Manichaeos* 1,16,26: "그대가 모든 존재자들에서 척도들과 수리들과 질서를 보거든 그 작가(作家)를 찾아라. 그러면 최고 척도(summa mensura), 최고 수리(summus numerus), 최고 질서(summus ordo)로 존재하는 분, 곧 하느님 아닌 다른 분을 못 찾을 것이다."

¹³ 최고선, 하느님의 존재 양상은 "어느 공간에도 포용되지 않고(nullo contentus loco) 자체 안에서 어디에나 전체로 존재하는(in seipso ubique totus)" 성격이다(『서간집』187,4,14).

Haec tria ubi magna sunt, magna bona sunt; ubi parua sunt, parua bona sunt; ubi nulla sunt, nullum bonum est. Et rursus haec tria ubi magna sunt, magna bona sunt; ubi parua sunt, parua bona sunt; ubi nulla sunt, nullum bonum est. Et rursus haec tria ubi magna sunt, magnae naturae sunt; ubi parua sunt, paruae naturae sunt; ubi nulla sunt, nulla natura est. Omnis ergo natura bona est.

4. Proinde cum quaeritur, unde sit malum, prius quaerendum est, quid sit malum. Quod nihil aliud est quam corruptio uel modi uel speciei uel ordinis naturalis. Mala itaque natura dicitur, quae corrupta est; nam incorrupta utique bona est. Sed etiam ipsa corrupta, in quantum natura est, bona est; in quantum corrupta est, mala est.

5. Fieri autem potest, ut quaedam natura, quae modo et specie naturali excellentius ordinata est, etiam corrupta melior sit adhuc quam est incorrupta altera, quae minore modo et specie naturali inferius ordinata est. Sicut in hominum aestimatione secundum

---

[14] 『자유의지론』을 위시한, 이 교부의 여러 저술에서 상론되지만, 본서에서 '악의 기원'(unde malum)을 논하기 전에 '악의 정체'(quid est malum)가 '선의 결핍'으로 판명되면, 세상의 악을 선한 하느님에게 돌릴 수 없으니 악의 원리가 따로 존재해야 한다는 마니교의 이원론이 무너지고 '윤리악의 기원'(unde malum facimus)이 인간의 자유의지에로 귀결된다.

[15] nihil aliud est quam corruptio modi [boni]: 악에 실체성을 부여하지 않고, 본연적으로 있어야 할 선(善)의 '부패'(corruptio), '결손'(defectus) 혹은 '결핍'(privatio) 혹은 '손상'(vitium)으로 정의한다. 선의 결핍은 존재의 결핍이므로, 악은 "그 전에 있던 것보다 덜한 존재"(in quantum minus est quam erat: 『참된 종교』 13,26) 곧 허무다. 『신국론』(성염 역주, 분도출판사 2004) 14,11,1 참조: "선은 악 없이 존재할 수 있지만 악은 선 없이 존재할 수 없다."

고 작은 곳에서는 선도 작다. 또 이 셋이 전혀 없는 곳에서는 선도 전혀 존재하지 않는다. 그리고 이 셋이 큰 곳에서는 자연 본성도 위대하고, 작은 곳에서는 자연 본성도 미소하다. 또 이 셋이 전혀 없는 곳에서는 자연 본성이 전혀 존재하지 않는다. 그러므로 모든 자연 본성은 선하다.

악이란 정도, 형상, 질서의 부패다

4. 그렇다면 '악은 어디서 유래하느냐?'고 물을 적에, 먼저 '악이 무엇이냐?'부터 물어야 할 것이다.[14] 악이란, 본연적인 정도나 형상이나 질서의 부패腐敗 외에 다른 것이 아니다.[15] 따라서 어떤 자연 본성이 부패했을 때에 악한 자연 본성[16]이라고 말한다. 부패하지 않은 자연 본성은 물론 선하다. 그러나 그 부패한 자연 본성도, 자연 본성이라는 점에서는 선하다. 단지 부패했다는 점에서는 악하다.

상위의 자연 본성은 부패하여도 부패하지 않은 하위의 자연 본성보다 월등하다

5. 어떤 자연 본성이 본연적인 정도와 형상에 있어서 보다 월등하게 질서 지어진 것일 경우에, 비록 부패했어도, 본연적인 정도와 형상이 열등하게 질서 지어진 것으로서 아직 부패하지 않은 다른 자연 본성보다도 더 신한 경우가 있다.[17] 그래서 사람들의 평가에서, 우선 겉보기로는, 비록 상

---

[16] mala natura: 본래 '악한 자연 본성(사물)'은 존재하지 않는다(이하 6.17.23절 참조). 『율리아누스 반박 미완성 작품』*Contra Iuiaunum opus imperfectum* 3,206 참조: "인간 본성이 타락하면 악하다고 하지만 악은 아니다(mala est non tamen malum est). 어느 자연 본성도 자연 본성인 한 악은 아니다."

[17] 사물의 존재론적 위계(ordo)는 이성과 의지를 갖춘 사물의 도덕적 완전성과는 별개로 구분된다.

qualitatem, quae aspectibus adiacet, melius est utique etiam corruptum aurum quam incorruptum argentum et melius est etiam corruptum argentum quam plumbum incorruptum: sic et in naturis potentioribus atque spiritalibus melior est etiam corruptus per malam uoluntatem spiritus rationalis quam inrationalis incorruptus; et melior est quilibet spiritus etiam corruptus quam corpus quodlibet incorruptum melior est enim natura, quae cum praesto est corpori, praebet ei uitam, quam illa, cui uita praebetur. Quantumlibet autem corruptus sit spiritus uitae, qui factus est, uitam praebere corpori potest; ac per hoc melior illo est quamuis incorrupto corruptus.

6. Corruptio autem si omnem modum, omnem speciem omnem ordinem rebus corruptibilibus auferat, nulla natura remanebit. Ac per hoc omnis natura, quae corrumpi non potest, summum bonum est, sicut deus est. Omnis autem natura, quae corrumpi potest, etiam ipsa aliquod bonum est; non enim posset ei nocere corruptio nisi adimendo et minuendo quod bonum est.

---

[18] 『신국론』 14,11,1: "악한 의지라는 것은 자연 본성에 의거한 것이 아니라 자연 본성에 상반되는데 그 까닭은 악한 의지가 일종의 결손(缺損)이기 때문이다. 물론 그 결손이 그 자연 본성의 것이요 그 자연 본성의 결손임에는 틀림없고, 그 자연 본성 속에서가 아니면 존재할 수 없다."

[19] 여기서 '영'(spiritus)은 육체를 살리는 '생혼'(anima)과 육체 없는 천사들의 순수한 영(spiritus)을 한데 일컬으므로 심지어 짐승에게도 '비이성적 영'(spiritus inrationalis)이 쓰인다. 앞의 각주 7 참조.

했더라도 금이 상하지 않은 은보다 더 좋고, 은이 상했더라도 상하지 않은 납보다 더 좋다. 마찬가지로 보다 능력 있고 영적인 사물들을 두고 말한다면, 악한 의지로[18] 부패된 이성적 영이 부패하지 않은 비이성적 영보다 더 큰 선이다.[19] 무릇 영은 비록 부패하였더라도, 또 육체가 비록 부패하지 않았더라도 그 육체보다 더 선하다. 왜 그런가 하면, 육체에 생명을 부여하는 자연 본성이 그 생명을 부여받는 자연 본성보다 더 선하기 때문이다. 생명의 영으로 창조받은 영은 제아무리 부패되었을지라도 여전히 육체에 생명을 부여할 수 있다. 그런 이유로, 비록 부패되었더라도 부패하지 않은 저 물체[20]보다 영이 더 선하다.

부패할 수 없는 자연 본성은 최고선인 하느님이고 부패하는 자연 본성도 어떤 선이다

6. 부패가 만일 부패하는 사물들에게서 일체의 정도, 일체의 형상, 일체의 질서를 박탈해 버린다면, 자연 본성은 전혀 남지 않을 것이다. 그래서 부패할 수 없는 모든 자연 본성은 하느님 같은, 최고선이다. 그 대신에 부패할 수 있는 모든 자연 본성 역시 어떤 선이다. 그러므로 부패 역시 선한 것을 결손시키거나 감소시키면서가 아니면 그 사물에 해를 끼치지 못한다.[21]

---

[20] illo [corpore] incorrupto: 마니교도들은 '빛'이라는 물체를 가장 고귀한 사물로 숭배하고 있었으므로 이런 언급이 나온다.

[21] 『고백록』 7,12,18: "부패하는 것들은 선한 사물이기 때문에 부패한다는 사실이 제게 분명해졌습니다. 그것들이 최고선이어도 부패할 수 없고, 선한 것이 아니어도 부패할 수 없을 것이니, 만약 최고선이라면 불후의 사물일 테고, 아무 선도 아니라면 그 안에 부패할 만한 무엇이 아예 없을 것입니다. 무릇 부패라는 것은 그 사물에 결손을 초래하는데, 선이 감소되지 않는다면 결손을 초래하지 않는 까닭입니다."

7. Creaturis autem praestantissimis, hoc est rationalibus spiritibus, hoc praestitit deus, ut si nolint, corrumpi non possint, id est si oboedientiam conseruauerint sub domino deo suo ac sic incorruptibili pulchritudini eius adhaeserint; si autem oboedientiam conseruare noluerint, quoniam uolentes corrumpuntur in peccatis, nolentes corrumpantur in poenis. Tale quippe bonum est deus, ut nemini eum deserenti bene sit; et in rebus a deo factis tam magnum bonum est natura rationalis, ut nullum sit bonum, quo beata sit, nisi deus. Peccantes igitur in suppliciis ordinantur: quae ordinatio quia eorum naturae non competit, ideo poena est; sed quia culpae competit, ideo iustitia est.

8. Cetera uero, quae sunt facta de nihilo, quae utique inferiora sunt quam spiritus rationalis, nec beata possunt esse nec misera. Sed quia pro modo et specie sua etiam ipsa bona sunt nec esse quam-

---

[22] 사물의 부패는, 마니교도들의 주장처럼, 타자 혹은 악의 원리(어둠의 족속)에서 유래하지 않는다. 부패하는 사물 자체의 유한성에서[무(無)에서 창조된], 자유의지에서 비롯한다는 해설은 선악이원론을 차단한다.

[23] 현상계의 악을 죄악(peccatum)과 그에 따른 죄벌(poena peccati)로 구분한 것은 아우구스티누스였다. 『고백록』 7,3,5: "저희가 악을 행하는 데는 의지의 자유의사가 원인이라고, 또 저희가 악을 당하는 데는 당신의 엄정한 심판이 원인이라고 들었으므로 … 제가 억지로 하는 일은 제가 행한다기보다는 제가 당하는 것이라고 여겼고, 그것은 죄과라기보다는 죄벌이라고 판단하곤 했습니다."

이성을 갖춘 영들의 부패는 자의적이거나 죄벌이거나 둘 중 하나다

7. 매우 탁월한 피조물들, 즉 이성을 갖춘 영들에게 하느님은, 자기들이 원하지 않는다면 부패할 수 없도록, 다시 말해서 자기의 주 하느님 밑에서 복종을 유지하고 그분의 썩지 않는 아름다움에 귀의하는 한 부패할 수 없게 허락하였다.[22] 만일 복종을 견지하기 싫어한다면, 그들은 원해서 죄악罪惡으로 부패해 가는 것이므로, 원치 않더라도 죄벌罪罰 속으로 부패해 들어감이 마땅하다.[23] 그 이유인즉, 하느님은 참으로 선이므로, 그분에게서 멀어져 간 존재가 결코 잘될 수 없기 때문이다. 하느님에 의해서 창조된 사물들 가운데서 이성을 갖춘 자연 본성은 참으로 큰 선이어서, 하느님 말고는 그 무슨 선으로도 행복해질 수 없다.[24] 따라서 죄를 짓는 자들은 형벌로 방향을 정하고 있다. 그런 방향 정립이 그 사물들의 자연 본성에 부합하지 않기 때문에 죄벌이 되는 것이다.[25] 그렇지만 죄벌에는 상응하는 방향 설정이라는 점에서 정의正義가 있다.

하위 사물들의 부패와 소멸도 전체의 아름다움에 이바지한다

8. 그 밖의 것들은, 무로부터 지음을 받았을뿐더러 이성을 갖춘 영들보다 열등하므로, 행복해질 수도 없고 그렇다고 불행해질 수도 없다.[26] 하지만 자기 나름의 정도와 형상에 의기하여 그것들 역시 선이다. 또한 아무리

---

[24] 시편 73,28("하느님께 귀의함이 나에게 선입니다")을 인용하여, 최고선에 정향하지 못하고 하위의 선을 지향하는 데서 악이 발생한다는 해설이다. 최고선보다 더 좋은 것이 없고, 본인의 의사에 반하여 빼앗기는 일이 없다는 이유에서다.

[25] 그래서 악을 행하는 의지의 작동에는 주체를 잘되게 만드는 작용인(作用因, causa efficiens)이 아니고 주체에 결손을 끼치는 결함인(缺陷因, causa deficiens)이 있을 뿐이라는 교부의 해설이 나온다(『신국론』 12,6,7 참조).

[26] 궁극적 행복을 '지복직관'(至福直觀, visio beatifica) 같은 지적 행위로 보던 전통에서는 동물에게는 지성이 결여되어 있으므로 행복하지도 불행하지도 않다고 생각하였다.

uis minora et minima bona nisi a summo bono deo potuerunt, sic ordinata sunt, ut cedant infirmiora firmioribus et inualidiora fortioribus et inpotentiora potentioribus, atque ita caelestibus terrena concordent tamquam praecellentibus subdita. Fit autem decedentibus et succedentibus rebus temporalis quaedam in suo genere pulchritudo, ut nec ipsa, quae moriuntur uel quod erant esse desinunt, turpent ac turbent modum et speciem et ordinem uniuersae creaturae: sicut sermo bene compositus utique pulcher est, quamuis in eo syllabae atque omnes soni tamquam nascendo et moriendo transcurrant.

9. Qualis autem et quanta poena cuique culpae debeatur, diuini iudicii est, non humani: quae utique et cum conuersis remittitur, magna est bonitas apud deum. Et cum debita redditur. Nulla est iniquitas apud deum, quia melius ordinatur natura ut iuste doleat in supplicio quam ut inpune gaudeat in peccato. Quae tamen etiam sic habens

---

[27] 『참된 종교』(성염 역주, 분도출판사 1988, 2011²) 20,40: "피조물은 어느 것이나 하느님을 사랑하는 영혼에게 소유될 때에는 나름대로 아름답다. 하느님을 등지고 피조물을 사랑하는 그 죄가 곧 악이다. 단지 이 경우에 피조물은 사랑하는 자에게 일종의 벌이 되어 그를 괴롭히며 … 자기를 사랑해 온 그를 저버리고 떠난다."

[28] caelestia: 해와 달의 운동이 지상 사물의 지속과 시간을 좌우한다는 생각, 일월을 하느님의 편린으로 숭배의 대상이라고 여기던 마니교 믿음을 염두에 둔 언급이다.

[29] 창조가 "존재하지 않던 것이 존재할 수 있게 하는 것"(ut posset esse quod non erat: 『마니교 기조 서간 반박』 25,27)이라면 여기서 소멸은 "존재하던 것이 존재함을 그치는 것"(quod erant esse desinunt)으로 정의되었다.

열등하고 미소한 선이라 할지라도, 최고선인 하느님에 의해서가 아니면 존재하지 못할 것이기 때문에, 더 약한 것은 더 강한 것들에게, 힘이 덜한 것은 더 힘센 것들에게, 더 무력한 것은 더 유력한 것들에게 물러서게 되어 있다.[27] 마찬가지로, 지상 것들은 천상 것들[28]에게 마치 더 훌륭한 것들에게 하듯이, 융합하게 되어 있다. 그런데 사물들이 지나가고 뒤따라오는 가운데 그 나름의 시간적 아름다움이 있어서, 사멸한다거나 존재하던 것이 존재함을 그치는 그것이[29] 창조계 전체의 정도와 형상과 질서를 교란시키거나 오염시키지는 않는다. 예를 들어서, 잘 짜인 문장은, 비록 그 속에서 음절들과 모든 음성들이 마치 나고 죽듯이 차례로 흐르면서도, 본디 그대로 아름다움과 흡사하다.[30]

죄짓는 자연 본성에 가해지는 죄벌은 올바른 질서를 위해 설정되었다

9. 각각의 죄과에 대해서 어떤 죄벌이 얼마나 부과될 것인가는 하느님 심판의 소관이지 인간 판단의 소관이 아니다. 또 회심한 자들에게 죄벌이 사면되는 것도 하느님 편의 크나큰 선의善意다. 그렇다고 마땅한 죄벌이 돌아간다고 해서 하느님 편의 악의惡意는 아니다.[31] 왜냐하면, 이성을 갖춘 자연 본성은, 벌을 받지 않고 죄악에서 즐기기보다는 정당하게 형벌을 받으며 괴로워하도록 질서 지어졌기 때문이며, 그 질서가 더 큰 선이기 때문이

---

[30] 아우구스티누스는 시가(詩歌), 그림의 음영이나 문장의 파격(破格)을 예로 들어 변화나 사멸 같은 자연현상이 악이 아니고 우주적 아름다움의 일부이며 "육체들의 미약한 아름다움들을 한꺼번에 간직하지 못하고 하나가 가면 하나가 오는 시간의 연속에 묶여야만 하기 때문이다"(『참된 종교』 26,41)라는 '미학적 설명'을 내놓는다. "사람의 영혼이 … 아름다운 것들에 매달리더라도 … 존재하려고 그만큼 빨리 성장할수록 비존재를 향해서도 그만큼 서둘러 갑니다. 이것이 사물의 한도입니다"(『고백록』 4,10,15).

[31] bonitas(선의)의 반대말 iniquitas(악의)는 in-aequum(불공정)에서 유래한다. 앞의 7절 끝에 나오듯이, 물리악은 자유의지로 저지른 죄악에 대한 죄벌로 내려져, 유린된 신적 질서를 회복하는 처분이므로 공정하고(aequum) 정의로운(iustum) 것이다.

nonnullum modum et speciem et ordinem in quacumque extremitate adhuc. Aliquod bonum est: quae si omnino detrahantur et penitus consumantur, ideo nullum bonum erit, quia nulla natura remanebit.

10. Omnes igitur naturae corruptibiles nec omnino naturae essent, nisi a deo essent, nec corruptibiles essent, si de illo essent, quia hoc, quod ipse est, essent. Ideo ergo quocumque modo, quacumque specie. Quocumque ordine sunt. Quia deus est, a quo factae sunt; ideo autem non incommutabiles sunt, quia nihil est, unde factae sunt. Sacrilega enim audacia coaequantur nihil et deus, si quale est illud, quod de deo natum est, tale uelimus esse illud, quod ab eo de nihilo factum est.

11. Quapropter nec naturae dei omnino noceri potest nec alicui naturae sub deo noceri iniuste potest, quia et cum peccando iniuste

---

[32] 앞의 각주 3 참조.

[33] de deo natum: 신앙의 대상인 '그리스도'에 관한 본서 최초의 언급이다. 하느님의 자연 본성 — "여기서 내가 '자연 본성'이라고 부르는 것은 보통 '실체'라고도 부르는 것이다. 무릇 실체라면 하느님이거나 하느님께로부터 유래한다": 『자유의지론』 3,13,36 — 에서 났으므로 하느님과 동등한 자연 본성이다. 이하 24.25절 참조.

다. 하지만 벌을 받는 그 사물도 약간이나마 정도와 형상과 질서를 간직하고 있는 이상, 어떤 극단에 있더라도 여전히 어떤 선이다. 만일 이것들이 모조리 박탈되거나 철저히 소진된다면, 아무 선도 아닐 것이다. 아무 자연 본성도 남아 있지 않을 것이기 때문이다.

자연 본성이 부패함은 무에서 만들어졌기 때문이다

　10. 일체의 자연 본성은, 비록 부패하는 것이라도, 하느님에 의해서 존재하지 않으면 자연 본성이 아닐 것이고, 또 하느님으로부터 존재하는 것이라면 부패할 사물이 아닐 것이니, 하느님으로부터 있다면 하느님 자신일 것이기 때문이다.[32] 그러므로 여하한 정도로, 여하한 형상으로, 여하한 질서로도 무엇이 존재한다면, 하느님이 존재하기 때문이고 그분에 의해서 만들어졌기 때문이다. 또한 그것들이 불변하지 않는다는 사실은 그것들이 만들어진 데가 무無이기 때문이다. 그렇다면 만일 우리가 하느님으로부터 태어난 대상을[33] 하느님에 의해서 무로부터 창조된 무엇처럼 여긴다면, 이는 무와 하느님을 동등시하는 뻔뻔스러운 모독이 아닐 수 없다.

무엇도 하느님을 해치지 못하며 다른 자연 본성은 하느님의 허용하에서만 해를 입는다

　11. 그러므로 어떻게 해서도 하느님의 사언 본성에 해를 끼칠 수 없으며,[34] 하느님 밑에 있는 자연 본성에도 불의하게 해를 끼칠 수는 없다. 그

---

[34] 『고백록』12,11,11 참조: "비록 당신께서 존재하듯이 존재하지는 않으나 엄연히 존재하는 저것들을 당신께서 만드셨다고, 존재하지 않는 것만 당신에 의해서 존재하지 않는다고, 존재하시는 당신으로부터 돌아서서 덜 존재하는 것으로 기우는 의지의 그런 움직임 역시 당신에 의해서 존재하는 것은 아니라고, 저런 움직임은 범죄요 죄악이기 때문이며, 그 누구의 죄도 당신께 해를 끼치거나 저 꼭대기에서도 저 바닥에서도 당신 통치의 질서를 교란하지 못하기 때문이라고 일러 주셨습니다."

aliqui nocent, uoluntas iniusta eis inputatur; potestas autem, qua nocere permittuntur, non est nisi a deo, qui et ipsis nescientibus nouit, quid illi pati debeant. Quibus eos nocere permittit.

12. Haec omnia tam perspicua, tam certa si uelint aduertere, qui aliam naturam inducunt, quam non fecit deus, non tantis blasphemiis implerentur, ut et in summo malo tanta bona ponerent et in deo tanta mala. Sufficit enim, ut supra dixi, ad eorum correctionem, si uelint adtendere, quod eos etiam inuitos cogit ueritas confiteri omnia prorsus bona non esse nisi a deo. Non ergo ab alio sunt magna bona et ab alio parua bona, sed et magna et parua bona nonnisi a summo bono, quod deus est.

13. Commemoremus ergo bona quanta potuerimus, quae dignum est ut deo auctori tribuamus, et his sublatis uideamus, utrum aliqua natura remanebit. Omnis uita et magna et parua, omnis potentia et

---

[35] 피조물의 자유의지가 악을 저지르면 하느님의 불변성과 선성을 해친다는 마니교 논지에 교부는 피조물의 행악을 선으로 안배하시는 하느님의 섭리를 내세워 대답한다. 본서 32.37절 참조.

이유는 만약 어떤 사람들이 죄를 지음으로써 불의하게 해를 끼친다면, 그런 자들에게는 자유의지가 불의했다는 책임을 지우기 때문이다. 해치는 능력 자체도 하느님에 의해서가 아니면 존재하지 못하며, 그들이 무엇을 해치게 허용한 분이 하느님인 만큼, 본인들은 비록 몰라도 그들이 무엇을 당해야 마땅한지는 하느님이 아신다.[35]

큰 선이든 작은 선이든 모든 선은 하느님에 의해서 존재한다

12. 이 모든 사실이 너무도 명료하고 너무도 확실함을, 하느님이 만들지 않은 다른 자연 본성을 굳이 끌어들이려는 사람들은 유념했으면 좋겠다. 그렇게만 하더라도 최고악에다 수많은 선들을 귀결시키거나, 하느님께 수많은 악을 귀결시키는 저 심한 신성모독에 떨어지지는 않을 것이다.[36] 위에서 내가 한 말처럼, 그들이 주의를 기울이고 싶다면, 자기네 생각을 바로잡자면, 진리가 강요하는 대로, 일체의 선은 하느님에 의해서가 아니면 존재하지 않음을 억지로라도 고백하는 일로 족하다. 그러니까 큰 선들은 다른 분에 의해서 존재하고, 작은 선들은 다른 누구에 의해서 존재하는 것이 아니다. 오히려 큰 선들도 작은 선들도 하느님인 최고선에 의하지 않으면 존재하지 않는다.

크든 작든 모든 선은 각각 하느님으로부터 존재한다

13. 그러므로 우리 힘이 미치는 한에서 온갖 선들을 상상해 보기로 하자. 그리고 그 모든 선을 두고 하느님을 조성자造成者로 삼아야 마땅하다.[37]▶ 그리고 그런 선들을 제거해 버리고 나면 무슨 자연 본성이 과연 남을 것인지

---

[36] 본서(41-47)에서 교부는 마니교의 선악이원론을 '신성모독'(blasphemia)이라 성토한다.

magna et parua, omnis salus et magna et parua, omnis memoria et magna et parua, omnis intellectus et magnus et paruus, omnis tranquillitas et magna et parua, omnis uirtus et magna et parua, omnis copia et magna et parua, omnis sensus et magnus et paruus, omne lumen et magnum et paruum, omnis suauitas et magna et parua, omnis mensura et magna et parua, omnis pulchritudo et magna et parua, omnis pax et magna et parua et si qua similia occurrere potuerint maximeque illa, quae per omnia reperiuntur, siue spiritalia siue corporalia, omnis modus, omnis species, omnis ordo et magnus et paruus, a domino deo sunt. Quibus bonis omnibus qui male uti uoluerit, diuino iudicio poenas luet; ubi autem nullum horum omnino fuerit, nulla natura remanebit.

14. Sed in his omnibus quaecumque parua sunt, in maiorum comparatione contrariis nominibus appellantur: sicut in hominis forma quia maior est pulchritudo, in eius comparatione simiae pulchritudo deformitas dicitur. Et fallit inprudentes, tamquam illud sit bonum et hoc malum; nec intendunt in corpore simiae modum proprium, parilitatem ex utroque latere membrorum, concordiam partium, incolumitatis custodiam et cetera, quae persequi longum est.

---

[37] 창조자의 이름이 본서에서도 '조성자'(auctor), '장인'(artifex), '조물주'(conditor), '창조주'(creator) 등 다양하게 나온다.

[38] 마니교도들의 경전과 교설에도 같은 어휘를 쓰고 있어, 사실상 이런 이론이 들어 있음을 이하(41)에서 지적한다.

생각해 보기로 하자. 크고 작은 모든 생명, 크고 작은 모든 능력, 크고 작은 모든 건강, 크고 작은 모든 기억, 크고 작은 모든 덕성, 크고 작은 모든 인식, 크고 작은 모든 평정, 크고 작은 모든 풍요, 크고 작은 모든 감각, 크고 작은 모든 광명, 크고 작은 모든 감미, 크고 작은 모든 척도, 크고 작은 모든 미려함, 크고 작은 모든 평화 그리고 이와 비슷하게 우리가 열거할 수 있는 모든 것, 특히 영적이든 물체적이든 모든 것을 통해서 발견되는 것들, 크든 작든 일체의 정도, 일체의 형상, 일체의 질서는 다 주 하느님에 의해서 존재한다.[38] 그렇기 때문에 이 모든 선을 악하게 사용하려는 사람은 하느님의 심판에 따라 죄벌에 처해질 것이다. 그리고 이 모든 선 중 그 무엇도 전혀 존재하지 않는 곳에는 아무 자연 본성도 남지 않을 것이다.

작은 선들이 큰 선에 비해서 상반되는 이름으로 불리기는 한다

14. 그럼에도 불구하고 이 모든 선에서, 작은 선들은 더 큰 선들과 비교해서 상반되는 명칭으로 불린다.[39] 예컨대 사람의 용모에 드러나는 아름다움이 보다 훌륭하다고 해서, 그것과 비교하여 원숭이의 아름다움은 흉물이라고 말한다. 그래서 어리석은 자들은 저 사람의 용모는 선이고 이 원숭이의 용모는 악이라고 여기는 잘못에 빠진다. 그런 사람들은 원숭이의 몸에 고유한 정도가 있음을 간파하지 못하는데, 말하자면 지체들의 양편 대칭이며 부분들의 조화며 자기보존 본능[40]▶과 그 밖의 여러 가지를 길게 열거할 수 있다.

---

[39] 하느님과 그분의 편린(partes)들만 선하고 물질과 다른 모든 것은 악이라고 일컫는 마니교도들에게, 어느 사물이 본성적으로 갖추는 고유한 완전성을 결여했을(defectus) 경우에만 선악의 시비가 가능하다고 답변한다.

15. Sed, ut quod dicimus intellegatur et nimium tardis satis fiat, uel etiam pertinaces et apertissime ueritati repugnantes cogantur quod uerum est confiteri, interrogentur, utrum corpori simiae possit nocere corruptio. Quod si potest, ut foedius fiat, quid minuit nisi pulchritudinis bonum? Unde tamdiu aliquid remanebit, quamdiu corporis natura subsistit. Proinde si consumpto bono natura consumitur, bona est ergo natura. Sic et tardum dicimus ueloci contrarium; sed tamen qui se omnino non mouet, nec tardus dici potest. Sic acutae uoci contrariam uocem dicimus grauem uel canorae asperam; sed si omnem speciem uocis penitus adimas, silentium est, ubi uox nulla est: quod tamen silentium eo ipso, quod uox nulla est, tamquam contrarium uoci solet obponi. Sic et lucida et obscura tamquam duo contraria dicuntur; habent tamen et obscura aliquid lucis, quod si penitus careant, ita sunt tenebrae lucis absentia sicut silentium uocis absentia.

16. Quae tamen etiam priuationes rerum sic in uniuersitate naturae

---

[40] incolumitatis custodia: 키케로의 어법 conservandi sui custodia(『신들의 본성에 관하여』De natura deorum 2,48,124)에 준한 번역이다. 자기보존 본능이란 자체의 단일성(unitas: 여기서는 '부분들의 조화')을 보존하려는 본능이고, 피조물은 창조주 하느님의 완전한 단일성을 본떠 그런 본능을 가지고 있음을 원숭이를 예로 들어 설명한다.

[41] 해친다(nocere) 함은 그 사물에서 좋은 것을 박탈함이다. 원래 악한 사물이어서 거기서 아무런 선도 제거 못한다면 아무런 해도 끼치지 못하는 것이므로, 무엇을 해친다 함은 그 대상이 선한 사물임을 전제한다.

비록 작지만 원숭이의 몸에도 아름다움의 선이 있다

15. 하지만 우리가 하는 말에 납득이 가려면, 또 깨달음이 무척 느린 사람들도 만족시킬 만하려면, 혹은 완고한 사람들이나 지극히 명백한 진리까지도 배척하는 사람들마저도 참되다고 고백하게 만들려면, 부패가 과연 원숭이의 몸을 해칠 수 있느냐는 질문을 제기해 봄 직하다. 만일 그것을 해칠 수 있어 그 몸이 더 흉해진다면, 거기서 줄어드는 것은 아름다움이라는 선이 아니고 무엇인가? 따라서 흉해질 무엇이 남아 있는 한, 신체의 자연 본성이 존속하고 있다. 만약 선이 소진되는 그만큼 자연 본성이 소진된다면, 거기서 소진되고 있는 자연 본성은 응당 선하다.[41] 우리는 빠른 사람에 반대되는 바를 느리다고 한다. 하지만 만약 누가 아예 움직이지 않는다면, 느린 사람이라는 말도 못한다. 또 들뜬 목소리에 반대되는 바를 낮은 목소리라고 하며, 부드러운 소리에 반대되는 것은 날카로운 소리라고 한다. 그러나 일체의 음성을 제거하면 침묵이고 거기서는 아무 소리도 존재하지 않는다. 그런데 목소리가 전혀 없는 그 침묵을 우리는 마치 목소리와 반대되는 무엇처럼 대립시키는 버릇이 있다. 그러다 보니까 환한 것과 어두운 것을 상반되는 무엇으로 여긴다. 하지만 어두운 것도 약간의 빛을 간직하고 있으며, 만일 빛이 아주 결여되어 있다면, 목소리의 부재가 침묵이듯이, 빛의 부재 곧 흑암이 된다.[42]

사물에 있는 결핍도 하느님 안에서 온당한 기능을 가진다

16. 그런데 현명하게 숙고하는 사람들이 보기에는, 사물들의 결핍缺乏이

---

[42] 존재(存在)와 선(善)은 등치되므로 선과 상반되는 것은 악이 아니고 비존재일 뿐이다. 마니교의 이원론을 반박하면서 어둠이 빛의 부재(lucis absentia)이고 침묵이 소리의 부재(vocis absentia)이므로 '어둠'과 '침묵'이 사물(natura)이 아니듯이, 악이란 비존재일 뿐이므로 '악한 원리'가 따로 존재할 수 없다고 반박한다.

ordinantur, ut sapienter considerantibus non indecenter uices suas habeant. Nam et deus certa loca et tempora non inluminando tenebras fecit tam decenter quam dies. Si enim nos continendo uocem decenter interponimus in loquendo silentium: quanto magis ille quarundam rerum priuationes decenter facit sicut rerum omnium perfectus artifex? Unde et in hymno trium puerorum etiam lux et tenebrae laudant deum, id est eius laudem bene considerantium cordibus pariunt.

17. Non ergo mala in quantum natura est, ulla natura, sed cuique naturae non est malum nisi minui bono. Quod si minuendo absumeretur, sicut nullum bonum, ita nulla natura relinqueretur, non solum qualem inducunt Manichaei, ubi tanta bona inueniuntur, ut nimia eorum caecitas mira sit, sed qualem potest quilibet inducere.

18. Neque enim uel illa materies, quam hylen antiqui dixerunt, malum dicenda est. Non eam dico, quam Manichaeus hylen appellat de-

---

[43] '대자연'(우주)을 가리켜 universitas naturae, natura universitatis, rerum natura, ordo naturarum 등이 교부의 글에서 구분 없이 쓰인다.

[44] 다니 3,51-90의 '세 젊은이의 노래'를 가리킨다. "빛과 어둠아, 주님을 찬미하여라. 영원히 그분을 찬송하고 드높이 찬양하여라"(3,72). 아우구스티누스는 자기가 암기한 대로, 혹은 이탈리아 재래본(vetus itala)이나 히에로니무스의 불가타본(Vulgata)에 따라서 성경을 인용한다. 이하에 교부의 인용문이 한국 천주교 주교회의 번역본 『성경』(2005)과 차이 나는 경우 별도로 소개한다.

라는 것도 대자연⁴³에서는, 품위에 어긋나지 않는 자기 역할을 하도록 질서 지어져 있다. 하느님도 일정한 장소와 일정한 시간은 빛을 비추어 주지 않음으로써 어둠을 만들었고, 어둠이 낮에 못지않은 품위를 가지게 만드셨다. 우리도 말을 하다 소리를 중단함으로써 말에다 멋있는 침묵을 끼워 넣을 줄 안다면, 하물며 모든 사물의 완전무결한 장인匠人답게 어떤 사물들의 결핍도 멋있게 배려하지 않겠는가? 그래서 세 청년의 찬미가를 보면 빛만 아니고 어둠도 하느님을 찬미한다.⁴⁴ 다시 말해서 생각이 깊은 사람들⁴⁵의 마음속에서는 어둠도 하느님에 대한 찬미를 낳는다.

자연 본성이 자연 본성인 한 어느 것도 나쁘지 않다

17. 그러므로 어느 자연 본성도 자연 본성인 한 악하지 않다.⁴⁶ 또한 어느 자연 본성에도 선의 감소 외에는 악이 존재하지 않는다. 그리고 감소한다 해도 아무 선도 없을 만큼 완전히 소진된다면, 거기에는 아무 자연 본성도 남지 않을 것이다. 마니교도들이 끌어들이는 그런 자연 본성도 — 그 속에도 상당히 많은 선들이 발견되기 때문에 우리에게는 마니교도들의 지나친 맹목이 이상할 정도다 — 남지 않을뿐더러, 우리가 상상해 낼 수 있는 어떠한 자연 본성도 남지 않는다.

무형한 질료로서 고대인들이 hyle라고 부르는 것도 악이 아니다

18. 저 질료라는 것, 옛사람들이 hyle라고 부르던 그것도 악이라고 말하

---

⁴⁵ 유한하고 가변적인 피조물을 보고 무한하고 불변하는 창조주를 생각하는 "철학자들은 작품을 낳은 예술에서 예술가를 인식하였다"(『설교집』141,2,2).

⁴⁶ '어느 사물도 악이 아니다'(nulla natura *malum* est: 앞의 각주 16 참조)에서 '어느 사물도 악하지 않다'(non *mala est* ulla natura)라는 명제로 옮겨 왔다.

mentissima uanitate nesciens, quid loquatur, formatricem corporum – unde recte illi dictum est, quod alterum deum inducat; nemo enim formare et creare corpora nisi deus potest; neque enim creantur, nisi cum eis modus et species et ordo subsistit, quae bona esse nec esse posse nisi a deo, puto quia iam etiam ipsi confitentur – sed hylen dico quandam penitus informem et sine qualitate materiem, unde istae quas sentimus qualitates formantur, ut antiqui dixerunt. Hinc enim et silua graece ὕλη dicitur, quod operantibus apta sit, non ut aliquid ipsa faciat, sed unde aliquid fiat. Nec ista ergo hyle malum dicenda est, quae non per aliquam speciem sentiri, sed per omnimodam speciei priuationem cogitari uix potest. Habet enim et ipsa capacitatem formarum; nam si capere impositam ab artifice formam non posset, nec materies utique diceretur. Porro si bonum aliquod est forma, unde quia ea praeualent, formosi appellantur, sicut a specie speciosi, procul dubio bonum aliquod est etiam capacitas formae; sicut quia bonum est sapientia, nemo dubitat, quod bonum

---

[47] 아리스토텔레스의 질료 형상론에 나오는 '질료'ὕλη가 자칫 하느님처럼 영구적 존재로 해석될 우려가 있어, 아우구스티누스는 성경[지혜 11,18: "당신의 전능하신 손, 무형의 물질로 세상을 창조하신 그 손"(omnipotens manus tua, quae creauit orbem terrarum ex materia informi)]을 근거로 삼는다.

[48] 페르시아 출신 Mani(또는 Manes)를 로마인들은 Manichaeus라고 불렀다.

[49] '무형의 질료'를 창조하고 그 질료에서 형상들을 부여하는 일(formatrix)은 하느님의 독점적인 창조 활동으로 간주하는 아우구스티누스는, 마니교가 악의 원리를 hyle라고 명명하면서 '물체들의 형성자'(formatrix corporum)라고 부름은 하느님 외에 다른 신(alter deus)을 도입한다는 비판을 당할 만하다고 지적한다.

[50] penitus informis et sine qualitate materies: 창세기 첫 장에서 "태초에 하느님이 하늘과 땅을 만드셨다"는 첫 줄에 언명된 '땅'이 바로 이 '무형의 질료'(materia informis)라는 초시간적 피조물이라면서 여러 저술에서 기다란 해설을 붙이곤 한다(『고백록』 12,29,40 이하 참조).

면 안 된다.⁴⁷ 내가 말하는 질료는 마니카이우스⁴⁸가 물체들의 형성자⁴⁹라고 일컬은 그 hyle가 아니다. 그것은 자기가 무슨 말을 하는지도 모르면서 아주 허황하게 내뱉은 정신 나간 소리였다. 그래서 그가 '제2의 하느님'을 끌어들인다는 말까지 나왔다. 하느님 말고는 그 누구도 물체들을 형상화하고 창조할 수 없다. 물체들은 그것들과 더불어 정도와 형상과 질서가 기반하지 않는다면, 창조되지도 않는다. 그리고 정도와 형상과 질서는 선이며, 따라서 하느님에 의해서가 아니면 존재하지 못한다. 적어도 이 점은 마니교도들도 고백하리라고 믿는다. 내가 말하는 hyle는 아예 무형無形하고 성질性質이 없는 질료質料다.⁵⁰ 옛사람들이 말하던, 우리가 지각하는 그 성질들이 그 질료에서 형성되어 나온다. 그래서 그리스어로는 숲도 ὕλη라고 하는데, 그것은 일꾼들에게 적절한 물건이로되, 숲 자체가 무엇을 만들어 내는 것이 아니고 숲에서 뭔가가 되어 나오기 때문이다.⁵¹ 따라서 그 hyle가 악이라고 하면 안 된다. 그 hyle는 어떤 형상을 통해서 감지되는 것이 아니고 형상의 일체 결핍을 통해서만 겨우 생각해 낼 수 있는 무엇이다. 그런데 그것도 형상形相들을 받아들일 수용력⁵²은 가진다. 장인에 의해서 부과되는 형상을 받아들일 수 없다면, 아예 질료(재료)라고도 않는다. 그러므로 만약 forma(形相)가 어떤 선이고, 형상으로 빼어난 사람들이 formosi(형상이 곱다)라고 불린다면, species(形象)가 뛰어난 사람들이 speciosi(형상이 수려하다)라고 하듯이⁵³▶ 그런 형상을 받아들일 수용력 역시 어떤 선이다. 말하자면 지

---

⁵¹ 그리스어 ὕλη는 '숲'에서 비롯하여 '자른 나무' 또는 '토막 나무'를 뜻했는데 아리스토텔레스 이래로 사물의 형이상학적 요소인 '질료'를 가리키는 철학 용어가 되었다. *non ut ipsa faciat sed unde fiat*라는 문장은 hyle의 피동성을 부각시킨다.

⁵² 고대 철학자들도, 아우구스티누스도 '무형의 질료'를 corporalium formarum capax(물체적 형상을 수용할 만한 것)로 정의하지만, '물체를 만든 장인'(opifex corporum)은 하느님뿐이라고 주장하고 그런 수용력도 선이라고 주장한 것은 아우구스티누스였다.

sit capacem esse sapientiae. Et quia omne bonum a deo, neminem oportet dubitare etiam istam, si qua est, materiem non esse nisi a deo.

19. Magnifice igitur et diuine deus noster famulo suo dixit: ego sum qui sum et: dices filiis Israhel, qui est, misit me ad uos. Uere enim ipse est, quia incommutabilis est; omnis enim mutatio facit non esse quod erat. Uere ergo ille est, qui incommutabilis est; cetera, quae ab illo facta sunt, ab illo pro modo suo esse acceperunt. Ei ergo, qui summe est, non potest esse contrarium nisi quod non est; ac per hoc sicut ab illo est omne, quod bonum est, sic ab illo est omne, quod naturale est, quoniam omne, quod naturaliter est, bonum est. Omnis itaque natura bona est et omne bonum a deo est; omnis ergo natura a deo est.

---

[53] forma(형상)에서 formosus(형상이 고운), species(형태)에서 speciosus(형태가 수려한)라는 형용사가 나온다.

[54] 마니교의 본의가 물체는 악한 것이므로 선한 신의 피조물로 간주할 수 없다는 주장이더라도, 교부로서는 물체도, 무형의 질료도, 물체적 형상을 받아들일 질료의 수용력도 선한 하느님의 선한 피조물이라는 주장을 양보하지 못한다.

[55] 탈출 3,14. 아우구스티누스는 모세가 남긴 이 표현[ego sum qui sum("나는 있는 나다")]을 하느님의 이름으로 간주하고 하느님의 본질을 '존재 자체'(ipsum esse)라고 규정하여 자기 형이상학의 근간으로 삼는다. 『삼위일체론』(성염 역주, 분도출판사 2015) 5,2,3: "불변하는 실체 혹은 존재는 오직 하나뿐이니 곧 하느님이시다. 그분에게야말로 존재함 — 거기서 존재라는 명사가 나온다 — 그 자체(esse ipsum)가 최고로 또 참으로 해당한다."

[56] 『삼위일체론』 5,2,3 참조: "변하는 것은 존재함 그 자체를 보전하지 못하며, 또 변할 수 있는 것은 … 전에 존재하던 것이 존재하지 않을 수 있다. 그러므로 변하지 않을 뿐만 아니라 전혀 변할 수 없는 것에만 존재한다는 말이 참으로 이론의 여지 없이 해당한다."

혜가 어떤 선이므로, 지혜를 수용할 수 있음도 선임을 아무도 의심하지 않는다. 그리고 모든 선은 하느님에 의해서 존재하므로, 저 질료도, 저것이 존재한다는 점에서는, 하느님에 의해서 아니면 존재하지 못함을 아무도 의심해서는 안 된다.[54]

참으로 존재함, 그것이 하느님의 고유한 본성이다

19. 그래서 우리 하느님이 당신의 종에게 엄숙하고 성스럽게 말씀하신 바 있다. "나는 있는 나다." 그리고 "너는 이스라엘 자손들에게 ''있는 나'께서 나를 너희에게 보내셨다'고 하여라."[55] 참으로 그분은 존재하니, 불변하기 때문이다. 모든 변화는 존재하던 것을 존재하지 않게 만든다. 그러므로 불변하는 자야말로 참으로 존재한다.[56] 그분에 의해서 만들어진 그 밖의 것들은 그분에 의해서, 자기 정도대로 존재存在를 받았다.[57] 최고로 존재하는 그분에게 상반되는 것이라고는 존재하지 않는 것 말고는 없다. 따라서 선한 것은 무엇이든 그분에 의해서 존재하듯이, 자연스러운 존재자[58]도 무엇이나 그분에 의해서 존재한다. 그 이유는 자연적으로 존재하는 것은 무엇이든 선하기 때문이다. 그러므로 모든 자연 본성은 선하고 모든 선은 하느님에 의해서 존재하므로 모든 자연 본성은 하느님에 의해서 존재한다.[59]

---

[57] 창조의 본질은 '존재함을 받는'(esse acceperunt) 데 있다. 『신국론』 12,2 참조: "'나는 존재하는 자로다.' 다시 말해서 최고로 존재하는 분이다. 말을 달리 하자면 불변하는 분이다. 당신이 무(無)로부터 창조한 사물들에게 존재(存在)를 부여하였다. … 존재하는 것에 상반되는 것은 비존재(非存在)다. 그러므로 하느님, 다시 말해서 최고 존재자(summa essentia)에게, 그리고 일체 존재자들의 창조자에게는 어떤 존재자도 상치하지 못한다."

[58] '자연 본성'(natura: 사물), '실체'(substantia), '존재자'(essentia)는 동의어이므로 '자연스러운 존재자'(quod naturale est), 또는 '자연적으로 존재하는 것'(quod naturaliter est)은 선하다. 그렇다면 악은 '자연 본성'(사물)이 아니고 따라서 자연스러운 존재자도 아니고 부자연스러운 결핍에 불과하다.

[59] 본서의 요체를 담은 문장이다.

20. Dolor autem, quod praecipue malum nonnulli arbitrantur, siue in animo sit siue in corpore, nec ipse potest esse nisi in naturis bonis. Hoc enim ipsum, quod restitit, ut doleat, quodam modo recusat non esse quod erat, quia bonum aliquod erat. Sed cum ad melius cogitur, utilis dolor est, cum ad deterius, inutilis. In animo ergo dolorem facit uoluntas resistens potestati maiori; in corpore dolorem facit sensus resistens corpori potentiori. Sunt autem mala sine dolore peiora; peius est enim gaudere de iniquitate quam dolere de corruptione. Uerumtamen etiam tale gaudium non potest esse nisi ex adeptione bonorum inferiorum; sed iniquitas est desertio meliorum. Item in corpore melius est uulnus cum dolore quam putredo sine dolore, quae specialiter corruptio dicitur: quam non uidit, id est non passa est mortua caro domini, sicut in prophetia praedictum erat: nec dabis sanctum tuum uidere corruptionem. Nam uulneratum esse confixione clauorum et percussum de lancea quis negat? Sed etiam

---

[60] 『신국론』 19,13,2 참조: "자연 본성에 준 것을 박탈당할 적에 빼앗긴 것을 두고 고통스러워하며 … 고통은 박탈당한 선과 남아 있는 선에 대한 증거(dolor testimonium boni adempti et boni relicti)가 된다. 만약 선이 남겨져 있지 않았다면야 잃어버린 선을 두고 괴로워하는 일도 불가능할 것이다." 감각에 대한 영혼의 능동적 기능을 강조하는 아우구스티누스는, '감각이란 신체에 일어나는 반응(carnis passio)을 영혼이 놓치지 않는 것(non latet animae)'이라고 정의한다.

[61] 자유의지로 범하는 죄악(peccatum)에 비하면 죄벌(poena peccati)로 받는 인생고(앞의 각주 23 참조)는 진정한 의미의 악이 아니다. 그러므로 죄벌을 받고 개과천선하게 만드는 인생고는 유익하고, 악행에 더 집착하게 만든다면 그런 고통은 나쁘며, 나쁜 짓을 하고서도 고통은커녕 재미를 본다면 더 나쁘다. 『그리스도교 교양』 1,36,40: "인간은 알고서 남을 속이고 모르고서 속는 까닭에 속는 사람이 거짓말하는 사람보다 낫다는 말이 분명해진다. 남에게 악을 저지르기보다는 악을 당하는 편이 낫기 때문이다."

고통 역시 선한 자연 본성에만 존재한다

20. 어떤 사람들은 고통이라는 것이 가장 큰 악이라고 여기는데, 정신에 있든 육체에 있든 고통 자체는 선한 자연 본성에 아니면 존재하지 못한다. 사실상 고통받는 데 저항하는 것은 존재하던 것이 존재하지 않게 됨을 어떤 방식으로든 거부하는 것인데, 존재하던 것이 어떤 선이었기 때문에 그렇다.[60] 그렇지만 더 나은 선으로 떠미는 것은 유익한 고통이고, 더 못한 것으로 떠미는 것은 무익한 고통이다. 정신에서는 의지가 자기보다 더 큰 능력에 저항하면서 고통이 발생하고, 육체에서는 감관이 자기보다 더 강한 물체에 저항하면서 고통이 발생한다. 그러나 악이 고통 없는 악이면 더 나쁘다. 부패腐敗를 두고 고통을 당하는 것보다 사악邪惡을 두고 기쁨을 누리는 것은 더 나쁘다.[61] 물론 그러한 기쁨도 하위의 선들의 추구追求에서 오는 것임은 분명하지만, 보다 나은 선들의 유기遺棄에 사악함이 있다.[62] 또 육체에도 상처가 고통 없이 썩어 가는 것보다는, 고통을 수반함이 더 좋다. 고통 없이 썩어 가는 것이야말로 정말로 부패라 할 만하다. 주님의 죽은 몸은 그런 부패를 보지 않았다. 즉, 당하지 않았다. 예언에 나오듯이 "당신께서는 당신의 거룩한 이가 부패를 보도록 안 하실 것입니다."[63] 그가 못에 박히고 창으로 찔려 상처 입었음을 누가 부인하겠는가?[64] 하지만 사람들 신체

---

[62] iniquitas non adeptio bonorum inferiorum sed desertio meliorum: 악은 존재하지 않고 악한 사물도 존재하지 않는데 인간이 어떻게 악을 저지르느냐는 의문에 대한 답이다. 만유가 선한 사물이므로 인간이 선보다 악을 선택하는 일은 불가능하고, 어떤 선을 선택하면서(예컨대 성적 쾌락) 보다 나은 선을 파괴하는(간통이나 강간) 모순을 저지르므로 '보다 나은 선에 대한 유기'에 행악이 있다.

[63] 시편 16,10: "당신께서는 제 영혼을 저승에 버려두지 않으시고 당신께 충실한 이는 구렁을 아니 보게 하십니다."

[64] 요한 20,25 참조: "토마스는 그들에게, '나는 그분의 손에 있는 못 자국을 직접 보고 그 못 자국에 내 손가락을 넣어 보고 또 그분 옆구리에 내 손을 넣어 보지 않고는 결코 믿지 못하겠소' 하고 말하였다."

ipsa, quae proprie ab omnibus corruptio corporis dicitur, id est ipsa putredo, si adhuc habet aliquid, quod alte consumat, bonum minuendo crescit corruptio. Quod si penitus absumpserit, sicut nullum bonum, ita nulla natura remanebit, quia iam corruptio quod corrumpat non erit. Et ideo nec ipsa putredo erit, quia ubi sit omnino non erit.

21. Ideo quippe et parua atque exigua iam communi loquendi usu modica dicuntur, quia modus in eis aliquis restitit, sine quo iam non modica, sed omnino nulla sunt. Illa autem, quae propter nimium progressum dicuntur immodica, ipsa nimietate culpantur; sed tamen etiam ipsa sub deo, quia omnia in mensura et numero et pondere disposuit, necesse est, ut modo aliquo cohibeantur.

22. Deus autem nec modum habere dicendus est, ne finis eius dici putetur. Nec ideo tamen immoderatus est, a quo modus omnibus rebus tribuitur, ut aliquo modo esse possint. Nec rursus moderatum oportet dici deum, tamquam ab aliquo modum acceperit. Si autem dicamus eum summum modum, forte aliquid dicimus, si tamen in

---

[65] 앞에서 modus, species, ordo라고 표기되어 온(각주 10 참조) 범주 중에 modus가 "모든 신체는 자연이 정해 준 나름대로 정도(modus)가 있고 그 척도(mensura)를 넘어서 커지지는 않는 법이다"(『행복한 삶』2,7)라는 문구를 거쳐 이하에 용어가 mensura(尺度), numerus(數理), pondus(重心)로 대체된다.

[66] modus라는 명사에서 modicus, im-modicus라는 형용사가 차례로 파생한다.

의 부패라 하는 것, 즉 썩음이라는 것도 속속들이 썩어 들어 갈 무엇이 아직 있다는 말이고, 선을 감소시키면서 부패가 확산된다는 뜻이다. 그것이 철저히 소멸되고 나서 아무것도 남지 않는다면, 거기에는 아무런 자연 본성도 남지 않을 것이다. 썩히는 부패도 이미 없을 것이다. 그렇다면 썩음도 없을 것이니 썩음을 발휘할 대상이 전혀 남아 있지 않을 것이기 때문이다.

크든 작든 모든 존재는 일정한 척도를 갖추고 있다

21. 작고 미천한 것을 일상 어법으로는 modicus(하찮다)라고 한다. 그 말은 작고 미천해도 그 사물에 아직 modus(정도)가 어느 정도 남아 있다는 뜻이다.[65] 그렇지 않다면 modicus도 못 되고 그냥 아무것도 아니라고 해야 한다. 너무 나간 것은 immodicus라고 하는데, 지나쳤다 하여 질책의 대상이 된다.[66] 그러므로 "하느님 밑에서는 모든 것을 척도尺度와 수리數理와 중심重心으로 처분하셨다"[67]고 하므로, 하느님 밑에서는 저것들도 어떤 정도에 의해서 제한을 받을 필요가 있다.

하느님께도 어느 면에서 정도가 서술된다

22. 그렇지만 하느님에 대해서는 그분이 우리가 말하는 '정도程度를 지녔다'는 말을 해서도 안 된다. 그것이 그분이 한계라고 여겨지지 않기 위함이다. 또 그분에 의해서 모든 사물에 정도가 부여되어 그 모두가 어떤 정도로 존재할 수 있게 된 터에, 그분이 immoderatus도 아니다. 그렇다고 그분이 마치 타자에게서 정도를 부여받기나 했다는 듯이 하느님을 moderatus라고

---

[67] 지혜 11,20 참조: "당신께서는 모든 것을 재고 헤아리고 달아서 처리하셨습니다"(omnia in mensura et numero et pondere disposuisti: Vulgata). 이하에 아우구스티누스의 인용문과 다른 가톨릭교회의 『성경』본문은 '참조'라는 표기로 인용한다. 교부는 창조된 존재계의 형이상학적 구조를 입증하는 성경 구절로 간주하여 이 구절을 무수히 인용한다.

eo, quod dicimus summum modum, intellegamus summum bonum. Omnis enim modus, in quantum modus est, bonus est: unde omnia moderata, modesta, modificata dici sine laude non possunt, quamquam sub alio intellectu modum pro fine ponamus et nullum modum dicamus, ubi nullus est finis: quod aliquando cum laude dicitur, sicut dictum est: et regni eius non erit finis. Posset enim dici etiam "non erit modus" ut modus pro fine dictus intellegeretur; nam qui nullo modo regnat, non utique regnat.

23. Malus ergo modus uel mala species uel malus ordo aut ideo dicuntur, quia minora sunt quam esse debuerunt aut quia non his rebus accommodantur, quibus accommodanda sunt: ut ideo dicantur mala, quia sint aliena et incongrua, tamquam si dicatur aliquis non bono modo egisse, quia minus egit quam debuit, aut quod ita egit, sicut in re tali non debuit, uel amplius quam oportebat uel non conuenienter:

---

[68] 하느님에게서 모든 modus가 유래한다는 뜻에서 하느님을 summus modus(최고 정도)라고 일컬을 수도 있지만, modus에서 파생된 형용사 moderatus는 '절도 있는'이라는 뜻 외에 '한계가 있는'이라는 뜻도 있고 immoderatus는 '정도를 넘어선, 절도가 없는'이라는 뜻이어서 하느님께 적용할 수 없다.

[69] 『행복한 삶』 4,34 참조: "저 최고의 법도(summus modus)에는 다른 어느 법도도 부과되지 않는다. 만일 최고의 법도가 최고의 법도를 통해서 법도가 된다면 다름 아닌 당신 자신을 통해서 법도가 된다는 말이다. 또 최고의 법도는 또한 참된 법도일 필요가 있다."

[70] modestus(절도 있는, 온건한), modificus(절도를 갖춘, 규칙적인)도 앞 절의 modicus와 더불어 modus라는 명사에서 파생한 형용사들이다.

[71] 루카 1,33: et regni eius non erit finis.

해서도 안 된다.[68] 만일 우리가 하느님은 summus modus(최고 정도)라고 말한다면, 혹시나 뭔가 서술을 하는지 모른다. '최고 정도'라고 하는 말로 우리가 '최고선'을 이해하고 있다면 말이다.[69] 모든 정도는 그것이 정도인 한에는 선하다. 그러므로 무엇이든 moderatus, modestus, modificus[70]라고 서술하는 모든 것에는 찬사가 깃들어 있다. 그런데 다른 뜻으로 이해할 때 우리는 modus를 finis(끝)라는 말로 쓴다. 끝이 전혀 없을 적에 정도 또한 전혀 없다. "그분의 나라의 끝은 없을 것이다"[71]라는 말처럼, 그 말이 때로는 찬사를 담아 쓰인다. 그래도 finis 대신 modus를 쓴 것이라고 알아듣고서 '그분의 나라의 법도가 없을 것이다'라는 문장으로 꾸밀 수 있다고 하자. 하지만 '아무 법도도 없이 다스리는' 자는 전혀 다스리지 않는 셈이다.[72]

'나쁜 정도'나 '나쁜 형상'이나 '나쁜 질서'라는 말을 하는 근거

23. '나쁜 정도', '나쁜 형상', '나쁜 질서' 따위의 말은, 그것이 마땅히 존재해야 할 정도에 못 미칠 때, 본래 적합하도록 되어 있는 사물들에 적합하지 못할 경우에 쓰인다. 그래서 사리에 맞지 않거나 부적합하여 나쁘다고 한다. 누가 bono modo[73] 행동하지 않았다고 할 때에는, 마땅히 해야 할 바에 미치지 못했다거나, 그럴 경우에 마땅히 했어야 할 방식대로 하지 않았다거나, 마땅한 정도 이상으로 했다거나, 적절히 않게 했다는 말이다.[74]

---

[72] 라틴어 nullo modo regnat는 우리 문맥에서는 '아무런 한도(한계, 법도)도 없이 다스리다'라고 직역되지만 (관용어로는 '절대로 아니'라는 뜻이어서) 일반인은 '전혀 다스리지 않는다'라고 알아듣는다.

[73] bono modo, 이하의 malo modo: '알맞게', '부적절하게'라는 라틴어 부사 관용어다.

[74] 여태까지 갖추어야 할 선의 결핍(defectus)을 언급했는데 modus(정도)를 논하면서 지나침(excessus)도 결함 혹은 악의 개념에 포함시킨다. "법도와 조절이 있는 곳에서는 과불급(過不及)이라는 것이 없다. … 지나치면 때로는 부족함보다 더 못한 법이다. 무엇이든지 부족하거나 지나치면 법도가 빈궁하다"(『행복한 삶』 4,32).

선의 본성 73

ut hoc ipsum, quod reprehenditur malo modo actum, non ob aliud iuste reprehendatur, nisi quia non est ibi seruatus modus. Item species mala uel in comparatione dicitur formosioris atque pulchrioris, quod ista sit minor species, illa maior, non mole, sed decore, aut quia non congruit huic rei, cui adhibita est, ut aliena et inconueniens uideatur: tamquam si nudus homo in foro deambulet, quod non offendit, si in balneo uideatur. Similiter et ordo tunc malus dicitur, cum minus ipse ordo seruatur: unde non ibi ordo, sed potius inordinatio mala est, cum aut minus ordinatum est quam debuit, aut non sicut debuit. Tamen ubi aliquis modus, aliqua species, aliquis ordo est, aliquod bonum et aliqua natura est; ubi autem nullus modus, nulla species, nullus ordo est, nullum bonum, nulla natura est.

24. Haec, quae nostra fides habet et utcumque ratio uestigauit, diuinarum scripturarum testimoniis munienda sunt, ut qui ea minore intellectu adsequi non possunt, diuinae auctoritati credant et ob hoc intellegere mereantur; qui autem intellegunt, sed ecclesiasticis litteris minus instructi sunt, magis ea nos ex nostro intellectu pro-

---

[75] 정도, 형상, 질서가 선한 사물의 형이상학적 범주이지만 일반인은 '나쁜 정도', '나쁜 형상', '나쁜 질서'라는 표현을 흔히 쓰는데, 주관적 편익이나 적합 여부를 언표할 따름이지, 그 범주들이 악한 사물일 수는 없다는 설명이다.

그러므로 malo modo한 행위라고 질책을 당할 때에, 거기서 modus가 지켜지지 않았다는 점에서가 아니고 다른 이유에서라면 정당한 질책이 아니다. 이와 마찬가지로, '나쁜 형상'이라는 말이 나올 때에는 형태가 더 곱고 아름다운 것과 비교하여 하나는 더 못난 형태가 되고 하나는 더 잘난 형태가 되었는데, 그것도 덩치로 보아서 그런 것이 아니고 오직 멋으로 보아서 그렇게 된 것이다. 그렇지 않으면 맞춰야 할 그 사물에 상합하지 않아서 맞지 않거나 부적합하게 보였을 수도 있다. 사람이 광장에서 발가벗고 활보하는 경우가 그러한데, 만일 목욕탕에서라면 발가벗은 모습으로 남의 눈에 띄어도 상관없을 것이다. 이와 비슷하게 제대로 보전되지 않았을 경우 '나쁜 질서'라는 말이 나온다. 거기서는 나쁜 점은 질서라기보다는 오히려 무질서다. 마땅히 갖추었어야 할 정도보다 덜 질서 잡혔거나, 마땅히 잡혔어야 할 방식으로 질서가 잡히지 않았기 때문이다.[75] 하지만 어떤 정도, 어떤 형상, 어떤 질서가 있다면, 거기에는 어떤 선이 있고 또한 어떤 자연 본성이 있다. 반면에 아무 정도도, 아무 형상도, 아무 질서도 없다면, 거기에는 아무 선도 존재하지 않고 또한 아무 자연 본성도 존재하지 않는다.

하느님이 불변하는 분임을 성경이 증언한다. 하느님의 아들은 창조되지 않고 나신 분이다

24. 이것이 이성이 탐구해 낸 것이면서도[76] 우리 신앙이 간직한 바이기도 하므로 성경의 증언을 또한 갖추어야 한다. 그렇게 함으로써 이해가 적어서 따라가지 못하는 사람들이 신적 권위를 믿어 그 덕택에 이해하기에 이르기 위함이다.[77]▶ 그 대신 이해를 하면서도 교회 문헌에 덜 익숙한 사람들

---

[76] 본서의 전반부, 곧 세상에는 선한 창조주의 선한 사물들이 존재할 뿐이며 악은 실체가 아니고 사물(natura)이 본래 갖추어야 할 완전성의 결여일 따름이라는 사변적 논지는 앞의 23절에서 끝났다.

ferre quam in illis libris esse non arbitrentur. Itaque deum esse incommutabilem sic scriptum est in psalmis: mutabis ea et mutabuntur; tu autem idem ipse es; et in libro sapientiae de ipsa sapientia: in se ipsa manens innouat omnia. Unde et apostolus Paulus: inuisibili, incorruptibili soli deo et apostolus Iacobus: omne datum optimum et omne donum perfectum desursum est descendens a patre luminum, apud quem non est commutatio nec momenti obumbratio. Item quia id, quod de se genuit. Hoc, quod ipse est, ita ab ipso filio breuiter dicitur: ego et pater unum sumus. Quia non est autem factus filius, quippe cum per illum facta sint omnia, sic scriptum est: in principio erat uerbum et uerbum erat apud deum et deus erat uerbum; hoc erat in principio apud deum. Omnia per ipsum facta sunt et sine ipso factum est nihil, id est non est factum sine ipso aliquid.

---

[77] 이 교부는 진리에 접근하는 데 이성(ratio)에 의한 이해(intellectus)가 우선하지만 이성을 제대로 구사하지 못하는 대중이나 이성을 초월하는 진리에는 권위(auctoritas)에 따른 믿음(fides)도 한 가지 방도가 된다는 입장이다. 그뿐 아니라 인간의 지식은 대부분 타인들의 정보와 권위에 대한 믿음에서 비롯함도 지적한다.

[78] 마니교도들은 구약을 '어둠의 군주들 가운데 하나'가 만든 책자로 간주하고 신약과 모순된다는 점에서 구약을 비판하는 입장을 고수하고 있었다.

[79] 아우구스티누스는 이 입장을 '너희가 믿지 않으면 이해하지 못하리라'(nisi credideritis non intellegeritis: 이사 7,9)라는 명제와 '이해하기 위하여 믿으라'(crede ut intellegas), 믿기 위하여 이해하라(intellege ut credas)'(Sermones 43,9) 이중 문장으로 표현한다.

[80] 시편 102,27-28 참조: "당신께서 그것들을 … 바꾸시니 그것들은 지나가 버립니다. 그러나 당신은 언제나 같으신 분."

[81] 지혜 7,27.

은,[78] 우리가 이런저런 진리를 제시하더라도 저런 서책들에 있는 것들보다 차라리 우리 이해력에서 얻어 낸 것들을 제시한다고 여기지는 말기 바란다.[79] 그러므로 하느님은 불변하며 시편에 이렇게 적혀 있다. "당신께서 그것들을 바꾸실 것이니 그것들은 바뀔 것입니다. 그러나 당신은 같으신 그분이십니다."[80] 그리고 지혜서에는 지혜 그 자체를 두고 "자신 안에 머무르면서 모든 것을 새롭게 한다"[81]는 말이 나온다. 그래서 사도 바오로도 "보이지 않고 부패하지 않으며 홀로이신 하느님께"[82]라고 하였다. 야고보 사도 역시 "온갖 최상의 선물과 모든 완전한 선물은 위에서 옵니다. 빛의 아버지에게서 내려오는 것입니다. 그분께는 변화도 없고 변동에 따른 그림자도 없습니다"[83]라고 한다. 또 하느님이 당신으로부터 낳으신 그, 그래서 바로 당신이기도 한 그[84]에 관해서는 아드님 본인의 입에서 간략하게 언급된다. "나와 아버지는 하나다."[85] 아드님은 만들어지지 않았고 그분을 통해서 만물이 만들어졌음을 두고 이렇게 적혀 있다. "태초에 말씀이 계셨다. 말씀은 하느님과 함께 계셨는데 말씀은 하느님이셨다. 그가 태초에 하느님과 함께 계셨다. 모든 것이 그를 통하여 생겨났고 그 없이 생겨난 것은 무無밖에 없다."[86] 다시 말해서 그 없이는 아무것도 생겨나지 않았다.

---

[82] 1티모 1,17 참조: "불사불멸하시고 눈에 보이지 않으시며 한 분뿐이신 하느님께."

[83] 야고 1,17. 하느님의 불변성을 언급한 성경 구절들이 인용되는 까닭은 '하느님과 그분의 편린들'이 어둠의 군주와 그 피조물들에 의해서 침략을 당하고 해를 입고 변질된다는 마니교 교리를 염두에 둔 것이다.

[84] id, quod de se genuit, hoc, quod ipse est: '하느님이 낳으신 분'이 본문에는 중성대명사 (id)로 표기되어 있는데 이하에서 그분이 verbum(말씀)이라는 중성명사로 호칭하기 때문인 듯하다.

[85] 요한 10,30 참조: "아버지와 나는 하나다."

[86] 요한 1,1-3. 끝 문구는 sine ipso factum est nihil("그 없이 생겨난 것은 아무것도 없다")이라는 라틴어 문장에서 부정대명사 nihil을 굳이 일반 의미로 이해한다면, '그분 없이 nihil이 생겨났다'라는 긍정문이 되어 이하의 억지(deliramenta) 토론을 야기한다.

선의 본성 77

25. Neque enim audienda sunt deliramenta hominum, qui nihil hoc loco aliquid intellegendum putant et ad huiusmodi uanitatem propterea putant cogi posse aliquem. Quia ipsum nihil in fine sententiae positum est. Ergo, inquiunt, factum est et ideo, quia factum est, ipsum nihil aliquid est; sensum enim perdiderunt studio contradicendi nec intellegunt nihil interesse, utrum dicatur "sine illo factum est nihil", an "sine illo nihil factum est". Quia etsi illo ordine diceretur "sine illo nihil factum est", possunt nihilominus dicere ipsum nihil aliquid esse, quia factum est. Quod enim reuera est aliquid, quid interest, utrum ita dicatur "sine illo facta est domus" an "sine illo domus est facta", dum intellegatur aliquid sine illo factum, quod aliquid domus est? Ita quia dictum est: sine illo factum est nihil, quoniam nihil utique non est aliquid, quando uere et proprie dicitur, siue dicatur "sine illo factum est nihil" siue "sine illo nihil factum est" uel "nihil est factum" nihil interest. Quis autem uelit loqui cum hominibus, qui hoc ipsum, quod dixi "nihil interest". Possunt dicere: ergo interest aliquid, quia ipsum nihil aliquid est? Hi autem, qui sanum habent cerebrum, rem manifestissimam uident hoc idem intellegi, cum dixi "nihil interest", quod intellegeretur si dicerem "interest nihil". At isti si alicui dicant: quid fecisti? Et ille

---

[87] 아우구스티누스의 초기 대화편 『교사론』(성염 역주, 분도출판사 2019)은 단어가 사물을 가리키는 기호임을 상세히 토론하는데, nihil은 실존하는 구체 사물을 가리키지 않으므로 '기호의 기호'일 따름이라고 답할 것이다.

"그분 없이 생겨난 것은 아무것도 없다"는 복음 구절이 간혹 오해를 야기한다

25. 여기서 말하는 무無를 '어떤 무엇'으로 이해해야 한다고 여기는 사람들의 억지에 귀를 기울여서는 안 된다. 더구나 문장의 끝에 nihil이 놓여 있기 때문에, 누군가를 이런 황당한 해석으로 몰아넣을 수 있다는 생각을 품는다. 그자들이 하는 말로는, '그러니까 생겼다', '생긴 이상 무라는 것도 어떤 무엇이다'. 그자들은 모순을 주장하려는 열성 때문에 정신이 나가서, sine illo factum est nihil이라고 하든 sine illo nihil factum est라고 하든 아무 상관 없음을 알아듣지 못한다. 이 순서로 말을 해서 sine illo nihil factum est라고 하더라도 저 사람들은 뭔가가 만들어졌으니까 여전히 무는 어떤 무엇이다라고 우길 만하다. '저 사람 없이 뭔가가 만들어졌다'는 말에서 그 뭔가가 집이라는 사실을 알아듣기로 한다면, 그 뭔가가 과연 무엇인지는 '저 사람 없이 만들어졌다, 집이'라고 하거나 '저 사람 없이 집이 만들어졌다'라고 하거나 무슨 상관이냐는 말투다. 정말 본연대로 말해서 sine illo factum est nihil이라고 하든 sine illo nihil factum est라고 하든 nihil est factum이라고 하든 아무 상관이 없이 nihil이 어떤 무엇이 물론 아니기 때문에 sine illo factum est nihil이라고 했다. 내가 '아무 상관 없다'고 nihil interest라고 했을 적에, 저 nihil이 어떤 무엇이니까 이 문장을 두고 '그러니까 뭔가 상관있다'리고 할 수 있다는 식으로 우기면 그런 사람들과 말을 나누고 싶을 사람이 과연 누구겠는가?[87] 맨 정신을 가지고 있는 사람들이라면 내가 interest nihil이라고 말했을 때 알아듣는 내용과 똑같은 내용을 내가 nihil interest라고 했을 때 알아듣는다는 사실을 아주 분명하게 본다. 그런데 저 사람들이 누구에겐가 '무엇을 하였소?'라고 물었고 그는 자기는 아무것도 안 했다면서 nihil se fecisse 한다고 치자. 그럴 경우 저 사람들은 '당신은 nihil을 했으니까 뭔가를 했다'라는, 어처구니없는 말을 하는 결과가

respondeat nihil se fecisse, consequens est, ut ei calumnientur dicentes: fecisti ergo aliquid, quia nihil fecisti; ipsum enim nihil aliquid est. Habent autem et ipsum dominum in fine sententiae ponentem hoc uerbum, ubi ait: et in occulto locutus sum nihil. Ergo legant et taceant.

26. Quia ergo deus omnia, quae non de se genuit, sed per uerbum suum fecit, non de his rebus, quae iam erant, sed de his, quae omnino non erant, hoc est de nihilo fecit, ita dicit apostolus: qui uocat ea, quae non sunt, tamquam sunt. Apertius autem in libro Machabaeorum scriptum est: oro te, fili, respice ad caelum et terram et omnia, quae in eis sunt; uide et scito, quia non erant, ex quibus fecit nos dominus deus et illud, quod in psalmo scriptum est: ipse dixit, et facta sunt, manifestum, quod non de se ista genuerit, sed in uerbo atque imperio fecerit; quod autem non de se, utique de nihilo. Non enim erat aliud, unde faceret. De quod apertissime apostolus dicit: quoniam ex ipso et per ipsum et in ipso sunt omnia.

---

[88] 요한 18,20도 문장이 in occulto locutus sum *nihil*이라고 끝난다.

[89] 아우구스티누스는 마니교도 논적들이 "적의를 가지고 성경을 읽다 보니 모르는 바를 알려고 궁리하지 않고 모른 바를 안다고 여긴다. 오만방자한 선입견이 마음의 눈을 닫아 버린다"(『마니교도 파우스투스 반박』 4,2)라고 비난한 바 있다.

[90] de se ... per verbum(앞의 각주 3 참조): 구약의 유일신과 신약의 삼위일체가 모순된다는 마니교의 공격을 염두에 두고 신약에서 계시된 것처럼 태초의 천지창조가 삼위일체의 공동 활동이었음을 명시한다.

[91] 로마 4,17 참조: "존재하지 않는 것을 존재하도록 불러내시는 하느님." 사본에 따라서는 불가타본처럼 quasi sint, tamquam sint(존재하도록)라고 되어 있다.

뒤따른다. 그 nihil도 어떤 무엇이기 때문이니까 말이다. 저런 사람들에게는 주님 친히 이 단어를 문장 끝에 넣어 하시는 말씀을 알고 있다. "나는 은밀히 이야기한 것이 없다, 아무것도"[88]라고 하신 말씀이다. 그러니 읽고서 제발 입 좀 다물었으면 좋겠다.[89]

피조물들은 무에서 만들어졌다

26. 그러므로 하느님은 만유를 당신으로부터 낳은 것이 아니고 당신 말씀을 통해서 만들었다.[90] 이미 있던 그런 사물로부터 만든 것이 아니고 전혀 있지 않던 그런 것, 다시 말해서 무로부터 만들었다. 그래서 사도는 "존재하고 있지 않은 것을 존재하고 있는 것처럼 부르시는 하느님"[91]이라는 말을 한다. 『마카베오기』에서는 더 노골적으로 "얘야, 너에게 당부한다. 하늘과 땅을 바라보고 그 안에 있는 모든 것을 살펴보아라. 존재하고 있지 않았던 것들이고 주 하느님께서 거기서 우리를 만들어 내셨음을 보고 깨달아라"[92]라고 한다. 『시편』에 기록되어 있는 것도 그렇다. "그분이 말씀하시자 생겨났다."[93] 여기서 분명한 것은 당신으로부터 저것들을 낳은 것이 아니고 말씀과 명령으로 만들었다는 점이다. 당신으로부터가 아니니까 응당 무로부터 만들었다. 그분이 거기서 그것들을 만들어 낼 어떤 것이 존재하지 않았다. 그 점을 사도가 아주 분명하게 얘기한다. "만물이 그분에게서, 그분을 통하여, 그분 안에서 존재합니다."[94]

---

[92] non erant ex quibus nos fecit dominus: 2마카 7,28 참조: "그리고 하느님께서, 이미 있는 것에서 그것들을 만들지 않으셨음을 깨달아라. 사람들이 생겨난 것도 마찬가지다."

[93] 시편 33,9: "그분께서 말씀하시자 이루어졌고 그분께서 명령하시자 생겨났다."

[94] 로마 11,36: "만물이 그분에게서 나와, 그분을 통하여 그분을 향하여 나아갑니다."

선의 본성 81

27. "Ex ipso" autem non hoc significat quod "de ipso". Quod enim de ipso est, potest dici "ex ipso"; non autem omne, quod "ex ipso" est, recte dicitur "de ipso"; ex ipso enim caelum et terra, quia ipse fecit ea, non autem de ipso, quia non de substantia sua. Sicut aliquis homo si gignat filium et faciat domum, ex ipso filius, ex ipso domus, sed filius de ipso, domus de terra et ligno. Sed hoc quia homo est, qui non potest aliquid etiam de nihilo facere; deus autem, ex quo omnia, per quem omnia, in quo omnia, non opus habebat aliqua materia, quam ipse non fecerat, adiuuari omnipotentiam suam.

28. Cum autem audimus "omnia ex ipso et per ipsum et in ipso", omnes utique naturas intellegere debemus, quae naturaliter sunt. Neque enim ex ipso sunt peccata, quae naturam non seruant, sed uitiant. Quae peccata ex uoluntate esse peccantium multis modis sancta scriptura testatur, praecipue illo, quo dicit apostolus: existimas autem hoc, o homo, qui iudicas eos, qui talia agunt et facis

---

[95] a quo(그분에 의해서) 만들어진 창조와 de quo(그분으로부터) 나오는 출생을 여태 구분해 왔는데 ex quo(ex nihilo를 포함해서)는 이제까지의 a quo, de quo를 한데 지칭한다는 설명이다.

[96] de nihilo: 25절의 nihil 이라는 어휘에 대한 토론에서 확인되었듯이 '무로부터'는 '아무 것도 없는 데서'임을 재차 강조한다.

'하느님에게서'라는 말과 '하느님께로부터'라는 말이 같은 뜻이 아니다

27. '그분에게서'라는 말이 '그분으로부터'라는 뜻은 아니다.[95] 물론 그분으로부터 나오는 것을 그분에게서 나온다고 할 수는 있겠다. 다만 '그분에게서' 나오는 것을 모두 '그분으로부터' 나온다고 함은 옳지 않다. 하늘과 땅이 그분에게서 왔으니, 그분이 만드셨기 때문이다. 그 대신 그분의 실체로부터 온 것은 아니니 그분으로부터 온 것은 아니다. 어떤 사람이 만일 아들을 낳고 집을 만들고 하면 그 사람에게서 아들이 나오고 그 사람에게서 집이 나온다. 다만 아들은 그 사람으로부터 나오고 집은 흙과 나무로부터 나온다. 그러나 그도 사람이기 때문에 무로부터[96] 무엇을 만들어 낼 수는 없다. 하느님은, 그분에게서 만물이, 그분을 통하여 만물이, 그분 안에서 만물이 존재하므로 당신의 전능은 당신이 만들지 않은 어떤 재료에서 도움을 받을 필요가 없었다.

죄악은 하느님에게서 유래하지 않고 죄짓는 자들의 의지에서 유래한다

28. '만물이 그분에게서, 그분을 통하여, 그분 안에서'라는 말을 우리가 들을 적에 그 만물은 자연적으로 존재하는 모든 자연 본성들이라고 알아들어야 한다. 죄악은 그분에게서 유래하여 존재하는 것이 아니다. 죄악은 자연 본성을 보전하지 않고 부패시키기 때문이다.[97] 그 죄악은 죄짓는 사람들의 의지에서 유래함을 성경이 여러 모양으로 증언한다. 특히 사도가 얘기하는 다음 대목에서다. "아, 그러한 짓을 저지르는 자들을 심판하면서도 스

---

[97] peccata naturam non servant sed vitiant: 하느님께 창조받은 인간 영혼이 죄를 짓는다면 피조물 인간이 범하는 죄에 대한 책임이 제일원인인 창조주에게 귀속되지 않느냐는 마니교의 반문에, 죄악은 인간의 자유의지에서 기인하고, 죄를 짓는 원인은 제일원인에게 귀속되는 작용인(causa efficiens)이 아니고 행위자가 자기를 파괴하는 결함인(causa defficiens)이라는 것이 아우구스티누스의 해명이다(36 참조).

ea, quoniam tu effugies iudicium dei? An diuitias benignitatis et patientiae eius et longanimitatis contemnis, ignorans, quoniam patientia dei ad paenitentiam te adducit? Secundum duritiam autem cordis tui et cor inpaenitens thesaurizas tibi iram in diem irae et reuelationis iusti iudicii dei, qui reddet unicuique secundum opera sua.

29. Nec tamen, cum in deo sint uniuersa, quae condidit, inquinant eum, qui peccant, de cuius sapientia dicitur: adtingit autem omnia propter suam munditiam, et nihil inquinatum in eam incurrit. Oportet enim, ut sicut deum incorruptibilem et incommutabilem, ita consequenter etiam incoinquinabilem credamus.

30. Quia uero et minima bona, hoc est terrena atque mortalia ipse fecit, illo apostoli loco sine dubitatione intellegitur, ubi loquens de membris carnis nostrae "quia si glorificatur unum membrum, congaudent omnia membra" etiam hoc ibi ait: deus posuit membra,

---

[98] 로마 2,3-6. 이 구절의 인용은, 창조주 하느님이 인간을 죄짓게 하는 분이 아니고 회개시키거나 죄벌로 심판하는 분임을 보여 주기 위함인 듯하다.

[99] 하느님의 창조를 형용하는 동사를 구분해서 무로부터의 창조에는 facere(만들다), creare(창조하다)를 주로 쓰고 이미 창조된 무형의 질료(materia informis)로부터 만물을 빚어내는 행위에는 condere(짓다), formare(빚다), 섭리를 포함하는 창조 행위에는 ordinare(질서 짓다) 등을 구사하는데 꼭 일관성 있지는 않다.

[100] 지혜 7,24-25.

스로 같은 짓을 하는 사람이여, 그대는 하느님의 심판을 모면할 수 있으리라고 생각하기 때문입니까? 아니면, 하느님의 그 큰 호의와 관용과 인내를 업신여기는 것입니까? 그분의 호의가 그대를 회개로 이끈다는 것을 모릅니까? 그대는 회개하지 않는 완고한 마음으로, 하느님의 의로운 재판이 이루어지는 진노와 계시의 날에 그대에게 쏟아질 진노를 쌓고 있습니다. 하느님께서는 각자에게 자기 행실대로 갚으실 것입니다."[98]

우리 죄악이 하느님을 오염시키지 못한다

29. 하느님이 지은[99] 만유가 하느님 안에 존재하기는 하지만 죄짓는 자들이 하느님을 오염시키지는 못한다. 그분의 "지혜는 그 순수함으로 모든 것을 통달하고 어떠한 오점도 그 안으로 기어들지 못한다".[100] 따라서 하느님이 부패할 수 없고 변할 수 없는 분이라고 믿듯이 마찬가지로 또한 오염될 수 없는 분이라고도 믿어야 한다.[101]

미소하고 지상적인 선도 하느님께로부터 존재한다

30. 그러므로 극히 미소한 선, 곧 지상적이고 사멸하는 선들도 하느님 친히 만들었으며, 이 점은 우리 몸의 지체를 두고 얘기하는 사도의 저 구절에서 깨달아 의심지 말 것이다. "한 지체가 영광을 받으면 모든 지체가 함께 기뻐합니다. 한 지체가 고통을 겪으면 모든 지체가 함께 고통을 겪습니다."[102] 같은 곳에서 말한다. "하느님께서 지체들을 만들어 놓으셨고 당신이 원

---

[101] 악(어둠)의 지배자와 그 족속에 의해서 선(빛)의 원리가 오염되고 침범당하고 위축된다는 마니교 교설을 반박하는 핵심 논지다.
[102] 1코린 12,26. 미소한 사물은 하느님의 창조 대상도 아니고 섭리 대상도 아니라는 통속적 믿음과 마니교 교설을 반박하는 글이다.

singulum quodque eorum in corpore prout uoluit et: deus temperauit corpus ei, cui deerat, maiorem honorem dans, ut non essent scissurae in corpore, sed idem ipsum ut pro inuicem sollicita sint membra. Hoc autem, quod sic in modo et specie et ordine membrorum carnis laudat apostolus, in omnium animalium carne inuenis, et maximorum et minimorum, cum omnis caro in bonis terrenis ac per hoc minimis deputetur.

31. Item quia cuique culpae qualis et quanta poena debeatur, diuini iudicii est, non humani, sic scriptum est: o altitudo diuitiarum sapientiae et scientae dei! Quam inscrutabilia sunt iudicia eius et inuestigabiles uiae eius! Item quia bonitate dei donantur peccata conuersis, hoc ipsum, quod Christus missus est, satis ostendit, qui non in sua natura, qua deus est, sed in nostra, quam de femina adsumpsit, pro nobis mortuus est: quam dei bonitatem circa nos et dilectionem sic praedicat apostolus: commendat, inquit, suam

---

[103] 1코린 12,18.　　　　　　　　[104] 1코린 12,24-25.

[105] 마니교는 큰 짐승의 몸은 악령들이 낳은 것이고 곤충 같은 미물은 물질에서 저절로 발생하는 것처럼 설명했다.

[106] 사본에 따라서는 맨 끝이 minimus deputetur라고 읽혀 '가장 미소한 자 역시 지상의 선들 중에 들어가는 것으로 간주되어야 한다'로 해석되기도 한다.

[107] Item *qu*ia *c*uique *c*ulpae *qu*alis et *qu*anta poena *d*ebeatur, *d*ivini iudicii est, non humani, *s*ic *s*criptum est: 원문을 소리 내어 읽는 독자들에게는 qu-, d-, s- '두운법'(頭韻法, alliteratio)을 드러내는 대표적인 문장으로 돋보인다.

[108] 로마 11,33.

하시는 대로 그 각각을 몸에다 넣으셨습니다".[103] 또 이런 말씀도 있다. "하느님께서는 모자란 지체에 더 큰 영예를 주시는 방식으로 사람 몸을 짜 맞추셨습니다. 그래서 몸에 분열이 생기지 않고 지체들이 서로 똑같이 돌보게 하셨습니다."[104] 사도가 몸의 지체들의 정도와 형상과 질서에서 칭송하는 바로 이 점을 그대 역시 아주 크든 아주 작든 모든 동물들의 몸체에서 발견하게 된다. 모든 육체는 지상의 선들 중에 들어가는 것으로 간주되어야 하고[105] 따라서 아주 미소한 선들 중에는 들어가는 것으로 간주되어야 한다.[106]

죄를 벌하고 용서하는 일은 하느님의 소관이다

31. 그리고 각각의 죄과에 어떤 죄벌, 얼마만큼의 죄벌이 돌아가야 하는지는 하느님의 심판 소관이지 인간 심판의 소관이 아니다.[107] 이렇게 적혀 있다. "오! 하느님의 지혜와 지식의 풍요는 정녕 깊습니다. 그분의 판단은 얼마나 헤아리기 어렵고 그분의 길은 얼마나 알아내기 어렵습니까?"[108] 하느님의 선하심을 입어 회개한 사람들의 죄가 사해지는데, 그리스도께서 보냄 받으신 것은 바로 이것 때문임을 충분히 보여 주었다. 그분은 우리를 위하여 죽으셨는데 하느님인 당신의 본성으로 하지 않고 여인에게서 취한 우리 본성으로 하였나.[109] 우리를 에워싼 하느님의 선하심과 사랑이 얼마나 큰지 사도는 이렇게 설교한다. "우리가 아직 죄인이었을 때에 그리스도께서 우리를 위하여 돌아가심으로써, 하느님께서는 우리에 대한 당신의 사랑을 증명해 주셨습니다. 그러므로 이제 그분의 피로 의롭게 된 우리가 그

---

[109] 혼인과 자녀 생산을 금기시하던 마니교도들은 하느님의 신성(神性)이 동정녀의 자궁에서 육신을 취했다는 육화(肉化)의 교리를 '빛의 아버지'인 하느님이 물질이라는 최고악 속에 갇히는 결과를 빚어내므로 우스운 얘기라고 치부하였다. 그러면서도 '하느님의 편린'이 온갖 생물과 물체 속에 갇힌다고 믿는 마니교의 교리를 교부는 날카롭게 비판한다.

caritatem deus in nobis, quoniam cum adhuc peccatores essemus, Christus pro nobis mortuus est; multo magis iustificati nunc in sanguine ipsius salui erimus ab ira per ipsum. Si enim, cum inimici essemus, reconciliati sumus deo per mortem filii eius, multo magis reconciliati salui erimus in uita ipsius. Quia uero etiam cum peccatoribus poena debita redditur, non est iniquitas apud deum, sic dicit: quid dicemus? Numquid iniquus deus, qui infert iram? Uno autem loco et bonitatem et seueritatem ab illo esse breuiter admonuit dicens: uides ergo bonitatem et seueritatem dei: in eos quidem, qui ceciderunt, seueritatem, in te autem bonitatem, si permanseris in bonitate.

32. Item quia etiam nocentium potestas non est nisi a deo, sic scriptum est loquente sapientia: per me reges regnant et tyranni per me tenent terram. Dicit et apostolus: non est enim potestas nisi a deo. Digne autem fieri in libro Iob scriptum est. Qui regnare facit, inquit, hominem hypocritam propter peruersitatem populi. Et de populo

---

[110] 로마 5,8-10. [111] iniquitas(본뜻은 '불의'): 앞의 각주 31 참조.
[112] 로마 3,5. [113] 로마 11,22.
[114] 교부의 글에서는 성자이신 하느님을 지칭하는 칭호로 쓰인다. 『참된 종교』 1,2,5 참조: "그분을 일컬어 우리는 하느님의 외아들이라고 부른다. 그분을 우리가 보다 분명하게 설명하고자 노력할 때 우리는 그분을 하느님의 능력이시라고, 하느님의 지혜이시라고 명명하며, 이 능력과 지혜를 통해서 하느님은 만유를 창조하셨고 만유는 무로부터 창조되었다."
[115] 잠언 8,15 참조: "내 도움으로 임금들이 통치하고 군주들이 의로운 명령을 내린다." 폭군들의 전제 권력 역시 섭리하시는 분 — 하느님의 지혜 — 에게서 유래하며 그 권력의 악용은 악행이므로 당사자에게 책임이 돌아간다.

분을 통하여 하느님의 진노에서 구원을 받게 되리라는 것은 더욱 분명합니다. 우리가 하느님의 원수였을 때에 그분 아드님의 죽음으로 그분과 화해하게 되었다면, 화해가 이루어진 지금 그 아드님의 생명으로 구원을 받게 되리라는 것은 더욱 분명합니다."¹¹⁰ 그러므로 죄인들에게 응분의 죄벌이 돌아가는 경우에도 하느님께 악의¹¹¹가 있는 것이 아니다. 그래서 이런 말이 있다. "무엇이라고 말해야 합니까? 하느님께서는 진노를 내리시므로 불의하시다고 해야 합니까?"¹¹² 사도는 같은 대목에서 그분께로부터 선하심과 더불어 준엄하심이 있음을 짤막하게 경고하였다. "그러니 하느님의 선하심과 함께 준엄하심도 생각하십시오. 하느님께서는 떨어져 나간 자들에게는 준엄하심을, 만일 그대가 그분의 선하심 안에 머문다면 그대에게는 선하심을 보이십니다."¹¹³

자신과 타자를 해치는 능력도 하느님께로부터 온다

32. 그렇다면 해를 끼치는 자들의 능력도 하느님으로부터가 아니면 존재하지 않는다. 지혜¹¹⁴가 이런 말을 하는 것으로 기록되어 있다. "나를 통해서 임금들이 통치하고 폭군들이 나를 통해서 땅을 차지한다."¹¹⁵ 사도 역시 "하느님에게서 나오지 않는 권력이란 없습니다"¹¹⁶라고 한다. 그래서 욥기에 적힌 말이 이루어지기도 한다. "그분이 위선자인 인간이 통치하게 하심은 백성의 비뚤어진 마음 때문이다."¹¹⁷ 그리고 이스라엘 백성을 두고 하느님께서 하시는 말씀이 있다. "나는 내 분노로 말미암아 그들에게 임금을 주었다."¹¹⁸▶ 악인들이 해를 끼치는 능력을 받는 것이 불의한 일은 아니니, 선

---

¹¹⁶ 로마 13,1.

¹¹⁷ 욥 34,30 참조: "불경스러운 인간은 다스리지 못하고 백성에게 올가미를 놓지 못합니다"(불가타본: "백성에게 올가미가 되지 못합니다").

Israel dicit deus: dedi eis regem in ira mea. Iniustum enim non est, ut improbis accipientibus nocendi potestatem bonorum patientia probetur et malorum iniquitas puniatur. Nam per potestatem diabolo datam et Iob probatus est, ut iustus adpareret, et Petrus temptatus, ne de se praesumeret, et Paulus colaphizatus, ne se extolleret, et Iudas damnatus, ut se suspenderet. Cum ergo per potestatem, quam diabolo dedit, omnia iuste ipse deus fecerit, non tamen pro his iuste factis, sed pro iniqua nocendi uoluntate, quae ipsius diaboli fuit, ei reddetur in fine supplicium, cum dicetur impiis, qui eius nequitiae consentire perseuerauerint: ite in ignem aeternum, quem parauit pater meus diabolo et angelis eius.

33. Quia uero et ipsi mali angeli non a deo mali sunt conditi, sed peccando facti sunt mali, sic Petrus in epistola sua dicit: si enim deus angelis peccantibus non pepercit, sed carceribus caliginis inferi trudens tradidit in iudicio puniendos seruari. Hinc Petrus ostendit

---

◂[118] 호세 13,11: "나는 분노하며 너에게 임금을 주고 또 진노하며 그를 앗아 간다."

[119] 욥 1,12 참조: "주님께서 사탄에게 이르셨다. '좋다, 그의 모든 소유를 네 손에 넘긴다. 다만 그에게는 손을 대지 마라.' 이에 사탄은 주님 앞에서 물러갔다."

[120] 루카 22,31-32 참조: "시몬아, 시몬아! 보라, 사탄이 너희를 밀처럼 체질하겠다고 나섰다. 그러나 나는 너의 믿음이 꺼지지 않도록 너를 위하여 기도하였다. 그러니 네가 돌아오거든 네 형제들의 힘을 북돋아 주어라."

[121] 2코린 12,7 참조: "내가 자만하지 않도록 하느님께서 내 몸에 가시를 주셨습니다. 그것은 사탄의 하수인으로, 나를 줄곧 찔러 대 내가 자만하지 못하게 하시려는 것이었습니다."

[122] 사도 1,16-18 참조: "예수님을 붙잡은 자들의 앞잡이가 된 유다는 ⋯ 부정한 삯으로 밭을 산 뒤, 거꾸로 떨어져 배가 터지고 내장이 모조리 쏟아졌습니다."

인들의 인내가 시험을 받고 악인들의 악행이 벌을 받는 까닭이다. 왜냐하면 악마에게 주어진 권한을 통해 욥은 시험을 받아 의인으로 드러났고,[119] 베드로는 유혹을 받아 스스로 오만해지지 않았고,[120] 바오로는 채찍질을 당해서 방자해지지 않았는데[121] 유다는 스스로 목을 매달아 단죄를 받았기 때문이다.[122] 그러니까 악마에게 준 권한을 통해 하느님은 이 모든 일을 의롭게 행하였으며, 마귀는 마지막에 이 일로 형벌을 받게 되는데, 의롭게 이루어진 이런 일 때문에 받는 것이 아니고 마귀의 고유한 것, 곧 남을 해치는 나쁜 의지 때문에 형벌을 받는다.[123] 마귀의 악행에 끝까지 항구하게 동조할 불충한 자들에게 "내 아버지께서 악마와 그의 천사들을 위하여 준비하신 영원한 불 속으로 들어가라"[124]는 말씀이 내릴 때 받을 형벌 말이다.

하느님이 악한 천사들을 창조하지 않았고 그들이 죄를 지어 악한 천사가 되었다

33. 따라서 저 악한 천사들도 하느님에 의해서 악한 천사로 창조받은 것이 아니고 죄를 지어 악한 천사가 되었으니[125] 그래서 베드로가 자기 서간에서 이런 말을 한다. "사실 하느님께서는 죄를 지은 천사들을 그냥 보아 넘기지 않으시고, 어둠의 사슬로 지옥에 가두시어 심판을 받을 때까지 갇혀 있게 하셨습니다."[126] 여기서 베드로는 그들이 최후 심판의 형벌을 아직

---

[123] 『마니교도 반박 창세기 해설』 2,28,42 참조: "전능하신 하느님은 악마의 악의에서도 의롭고 선한 일을 하신다. 악을 저지르려고 힘쓰는 의지로 인해서 악마는 단죄를 받는 한편, 하느님의 섭리는 악마를 두고도 선한 일을 하신다."

[124] 마태 25,41: "나에게서 떠나 악마와 그 부하들을 위하여 준비된 영원한 불 속으로 들어가라."

[125] 『신국론』 19,13,2 참조: "아무런 선도 존재하지 못하는 그러한 자연 본성은 존재할 수 없다. 그래서 심지어 악마의 자연 본성마저도 자연 본성이라는 점에서는 악이 아니다. 오히려 가치의 전도(顚倒)가 그 자연 본성을 악한 것으로 만든다."

[126] 2베드 2,4.

adhuc eis ultimi iudicii poenam deberi, de qua dominus dicit: ite in ignem aeternum, qui paratus est diabolo et angelis eius. Quamuis iam poenaliter hunc inferum, hoc est inferiorem caliginosum aerem tamquam carcerem acceperint, qui tamen quoniam et caelum dicitur, non illud caelum, in quo sunt sidera, sed hoc inferius, cuius caligine nubila conglobantur, et ubi aues uolitant – nam et caelum nubilum dicitur et uolatilia caeli appellantur – secundum hoc apostolus Paulus eosdem iniquos angelos, contra quos nobis inuidos pie uiuendo pugnamus, "spiritalia nequitiae in caelestibus" nominat. Quod ne de illis superioribus caelis intellegatur, aperte alibi dicit: secundum principem potestatis aeris huius, qui nunc operatur in filiis diffidentiae.

34. Item quia peccatum uel iniquitas non est appetitio naturarum malarum, sed desertio meliorum, sic in scripturis inuenitur scriptum: omnis creatura dei bona est, ac per hoc et omne lignum, quod in paradiso deus plantauit, utique bonum est. Non ergo malam

---

[127] 『신국론』(8,14,1-17,2)에 따르면 천사들에게도 천상 신체, 곧 천체(天體, corpus caeleste)가 있고 정령(精靈)들에게는 공기 신체, 곧 기체(氣體, corpus aereum)가 있다고 생각하였기 때문에 타락한 천사들이 공중의 처소에 머문다고 상상하였다.

[128] 에페 6,12 참조: "우리의 전투 상대는 인간이 아니라, 권세와 권력들과 이 어두운 세계의 지배자들과 하늘에 있는 악령들입니다."

[129] 에페 2,2 참조: "공중을 다스리는 지배자, 곧 지금도 순종하지 않는 자들 안에서 작용하는 영을 따라 살았습니다." 하느님과 거룩한 영(천사와 구원받은 인간)들이 머무는 곳은 '위에 있는 하늘'(caeli superiores)이라고 불린다.

[130] 앞의 각주 62 참조. 『참된 종교』 20,38 참조: "이성적 영혼이 어떤 선한 사물을 사랑하여 죄를 짓는다면, 그 선이 영혼보다 하위의 것이기 때문이다. 그러므로 그 죄가 악이지, 죄를

받아야 함을 보여 주었고, 그 형벌을 두고 주님이 "악마와 그의 천사들을 위하여 준비된 영원한 불 속으로 들어가라"는 말씀을 한다. 그들이 벌로서 이미 이 지옥, 곧 지하의 어두운 대기를 감옥처럼 받은 상태이지만, 그 감옥을 마치 어떤 하늘처럼 말하기도 한다.[127] 다만 그 하늘은 성좌들이 있는 저 하늘이 아니고 이 아래 하늘, 그 어둠이 구름을 품고 거기 새들이 날아다니는 하늘을 가리킨다. 사실 '구름의 하늘'이라는 말도 있고 '하늘의 날짐승'이라는 말도 있다. 그 말에 따라서 사도 바오로는 그들을 악한 천사라고 부르고 우리가 경건하게 삶으로써 맞서 싸워야 할 상대는 "하늘에 있는 악령들"이라고 한다.[128] 그들을 위에 있는 하늘로 오해하는 일이 없게 다른 대목에서는 "이 공중을 다스리는 지배자, 곧 지금도 불신의 자식들 안에서 작용하는 지배자"라고 분명하게 언급한다.[129]

죄는 나쁜 자연 본성을 욕구하는 데 있지 않고 더 좋은 자연 본성을 유기하는 데 있다

34. 죄 혹은 악은 나쁜 자연 본성에 대한 탐욕貪慾이 아니고 보다 나은 자연 본성에 대한 유기遺棄다.[130] 그래서 성경에 "하느님의 모든 피조물은 선하다"고 기록되어 있음을 발견한다.[131] 따라서 하느님이 낙원에 심으신 모든 나무도 물론 선하다. 금지된 나무에 손댔을 적에 인간이 악한 자연 본성을 탐한 것이 아니고 더 좋은 것을 유기함으로써 악을 만들어 스스로 범했던 것이다.[132] 창조주는 그분이 만든 어느 피조물보다 더 훌륭한 분이다. 그

지으면서 사랑하는 그 실체는 악이 아니다. 낙원에 심겼다는 그 나무가 악이 아니라 하느님 계명의 위반이 악이다."

[131] 1티모 4,4 참조: "하느님께서 창조하신 것은 다 좋은 것입니다."

[132] factum malum ipse commisit, 『신국론』 12,8 참조: "사물은 악한 것을 향하여 쇠락하는 것이 아니고 악하게 쇠락한다. 말을 달리 하자면 악한 자연 본성을 향해서 쇠락하는 것이 아니라 악하게, 즉 최고로 존재하는 분에 의해서 설정된, 자연 본성들의 질서에 위반하여 더 못하게 존재하는 것을 향해서 쇠락한다."

naturam homo appetiuit, cum arborem uetitam tetigit, sed id, quod melius erat, deserendo factum malum ipse commisit. Melior quippe creator quam ulla creatura, quam condidit: cuius imperium non erat deserendum, ut tangeretur prohibitum quamuis bonum, quoniam deserto meliore bonum creaturae appetebatur, quod contra Creatoris imperium tangebatur. Non itaque deus arborem malam in paradiso plantauerat, sed ipse erat melior, qui eam tangi prohibebat.

35. Ad hoc enim et prohibuerat, ut ostenderet animae rationalis naturam non in sua potestate sed deo subditam esse debere et ordinem suae salutis per oboedientiam custodire, per inoboedientiam corrumpere. Hinc et arborem, quam tangi uetuit, sic appellauit "dinoscentiae boni et mali"[133], quia cum eam contra uetitum tetigisset, experiretur poenam peccati et eo modo dinosceret, quid interesset inter oboedientiae bonum et inoboedientiae malum.

36. Nam quis ita desipiat, ut dei creaturam maxime in paradiso plantatam uituperandam putet, quandoquidem nec ipsae spinae ac tribuli, quos peccatori in labore conterendos secundum dei iudiciariam uoluntatem terra peperit, recte uituperentur? Habent enim et tales herbae modum et speciem et ordinem suum, quae quisquis

---

[133] arbor dinoscentiae boni et mali: 교부들 사이에 해석이 다양하다. 아우구스티누스는, 따 먹지 말라는 하느님의 계명을 어김으로써 "죄벌이 죄악을 뒤따르고 그 죄벌을 경험함으로써 자기가 저버린 선과 자기가 자초한 악이 무엇인지를 체득한다"(『마니교도 반박 창세기 해설』2,9,12)는 뜻으로 설명한다.

분의 명령을 유기하여 금지된 것 — 그것이 비록 좋더라도 — 을 위반해서는 안 되었던 것이다. 더 좋은 선을 유기함으로써 피조물의 선을 탐하면서도 창조주의 명령을 거스르는 것이 되었다. 그러니까 하느님이 낙원에 악한 나무를 심은 것이 아니었고, 그 나무를 손대지 말라고 금하던 당신이 더 좋은 선이었다는 말이다.

아담에게 금지된 나무는 나무가 나빠서가 아니라 하느님께 복종함이 사람에게 좋기 때문이었다

35. 하느님이 저 일을 금한 것은 이성혼의 본성이 자기 권하에 있지 않고 하느님께 복속服屬해야 한다는 것을 보여 주기 위함이고, 그리고 복종을 통해서는 자기 구원의 질서를 보존하고 불복종을 통해서는 파멸시킨다는 것을 보여 주기 위함이었다. 그래서 하느님은 손대지 말라고 금한 나무를 '선과 악을 아는 나무'[133]라고 불렀다. 왜냐하면 금지를 무릅쓰고 그 나무에 손을 댄다면 죄벌을 맛볼 것이고 복종의 선과 불복종의 악 사이가 어떻게 다른지 알게 될 것이기 때문이었다.

하느님의 어느 피조물도 악하지 않으며 피조물을 악용함이 악이다

36. 그런데도 하느님의 피조물을, 더구나 낙원에 심긴 조물을 나쁘다고 비난해야겠다는 생각을 품을 만큼 정신이 나간 사람이 누구겠는가? 더구나 하느님의 판결 의지에 따라서 노동하는 죄인에게 가혹한 시련이 되라고 땅이 가시와 엉겅퀴를 낳았는데 그것들을 나무라는 일도 온당치 못하다. 저런 잡초들도 나름대로 자기의 정도와 형상과 질서를 지녔으므로, 신중히 그것들을 관찰하는 사람이라면, 그것들이 칭찬할 만한 것임을 누구나 발견하게 되어 있다. 그런데 죄에 대한 응분의 값으로 강제로 처벌을 받아야 하는 자

sobrie considerauerit, laudanda reperiet; sed ei naturae ista mala sunt, quam peccati merito sic coherceri oportebat. Non est ergo, ut dixi, peccatum malae naturae adpetitio, sed melioris desertio et ideo factum ipsum malum est, non illa natura, qua male utitur peccans. Malum est enim male uti bono. Unde apostolus damnatos quosdam diuino iudicio reprehendit, qui coluerunt et seruierunt creaturae potius quam creatori. Neque enim creaturam reprehendit – quod qui fecerit, creatori facit iniuriam – sed eos, qui male usi sunt bono meliore deserto.

37. Proinde si custodiant omnes naturae modum et speciem et ordinem proprium, nullum erit malum; si autem his bonis quisque male uti uoluerit, nec sic uincit uoluntatem dei, qui etiam iniustos iuste ordinare nouit, ut si ipsi per iniquitatem uoluntatis suae male usi fuerint bonis illius, ille per iustitiam potestatis suae bene utatur malis ipsorum recte ordinans in poenis, qui se peruerse ordinauerint in peccatis.

---

[134] 뱀, 독극물, 불처럼 인간에게 해로운 동식물이나 사물을 '악한 사물'(naturae malae)로 간주하는 마니교도들을 염두에 두고 있다.

[135] 악 자체도 존재하지 않고 악한 사물도 존재하지 않으므로 악의 정의는 male uti bono(선을 악하게 사용함)가 가장 적절하겠다. 앞의 7절(각주 25) 참조.

[136] 로마 1,25.

[137] 『믿음 희망 사랑의 길잡이』Enchiridion de fide, spe et caritate 102,26 참조: "하느님의 전능하신 의지는 발생하는 악을 징계하시기 때문에 정의롭다. 전능하신 하느님은 불쌍히 여기고자 하시는 사람에게는 자비를 베푸심으로써, 고집하는 자에게는 심판을 내리심으로써 누구에게도 불의하게 행하지 않으신다."

연 본성에게는 그것들이 나쁜 것처럼 되었다.[134] 그러므로 내가 말한 대로, 죄는 나쁜 자연 본성을 탐함이 아니고 보다 좋은 자연 본성을 유기함이다. 그리고 그런 행동이 악하지, 죄짓는 사람이 나쁘게 이용하는 자연 본성은 나쁘지 않다. 그러므로 악이란 선을 남용함이다.[135] 그래서 사도는 "창조주 대신에 피조물을 받들어 섬긴"[136] 자들이 하느님의 심판으로 단죄받은 것으로 책망하기도 한다. 그래도 그가 그런 피조물을 책망하는 것은 아니다. 만일 그렇게 하는 사람이 있다면 창조주께 불손한 짓이다. 오히려 사도는 더 나은 것을 유기함으로써 선을 악용한 자들을 책망하고 있는 것이다.

죄짓는 사람들의 악도 하느님은 선용하신다

37. 그러니까 모든 자연 본성들이 고유한 정도와 형상과 질서를 지키는 한, 어떤 악도 존재하지 않을 것이다. 그 대신 누가 만일 이런 선들을 남용하고 싶더라도 그렇게 해서 하느님의 의지를 꺾을 수는 없을 것이니 그분은 불의한 자들을 두고도 의롭게 질서 잡는 법을 아는 까닭이다.[137] 또 만일 자신의 불의한 의지로 그분의 선들을 악용하였다면 그분은 당신의 정의로운 권능으로 그자들의 악을 선용함으로써, 죄로 자신을 불측하게 질서 지은 자들을 징벌로 올바로 질서 잡을 것이다.[138]

---

[138] 교차 배열과 대구법으로 인간의 고의적 악행과 하느님의 정의로운 질서를 대조시켜 교부는 전체로 본 우주에는 악이 존재하지 않음을 부각시킨다.

per iniquitatem *voluntatis* suae ↔ per iustitiam *potestatis* suae
자신의 불의한 의지로　　　　　　당신의 정의로운 권능으로
male usi fuerint *bonis illius* ↔ bene utatur *malis ipsorum*
그분의 선들을 악용　　　　　　　그자들의 악을 선용함으로써
recte ordinans in poenis ↔ *perverse ordinaverint* in peccatis ...
징벌로 올바로 질서 잡을 것　　　죄로 자신을 불측하게 질서 지은 자들을.

38. Nam nec ipse ignis aeternus, qui cruciaturus est impios, mala natura est habens modum et speciem et ordinem suum nulla iniquitate deprauatum; sed cruciatus est damnatis malum, quorum peccatis est debitus. Neque enim et lux ista, quia lippos cruciat, mala natura est.

39. Aeternus autem ignis non sicut deus aeternus, quod licet sine fine sit, non est tamen sine initio; deus autem etiam sine initio est. Deinde quia licet perpetuus peccatorum suppliciis adhibeatur, mutabilis tamen natura est. Illa est autem uera aeternitas, quae uera inmortalitas; hoc est illa summa incommutabilitas, quam solus deus habet, qui mutari omnino non potest. Aliud est enim non mutari, cum possit mutari, aliud autem prorsus non posse mutari. Sicut ergo dicitur homo bonus non tamen sicut deus, de quo dictum est: nemo bonus nisi unus deus et sicut dicitur anima inmortalis non tamen

---

[139] lux ista: 마니교도들이 신성시하는 햇빛을 가리킨다. 안질에 걸린 사람에게 해롭다고 빛을 '악한' 사물로 간주한다면 마니교도들에게 가장 신성한 것이 악으로 간주되는 모순에 빠진다.

[140] 『신국론』12,4 참조: "그러므로 자연 본성은 우리의 편리나 불편에 입각해서가 아니고 그 자체로 보아서 자기를 만든 창조자께 영광을 드린다. 마찬가지로 영원한 불의 자연 본성도, 단죄받은 불경스러운 자들에게는 장차 벌이 되겠지만 칭송할 만한 것임에 틀림없다."

[141] 보통으로 하느님처럼 시작도 끝도 없으면 aeternus(영원한), 시작이 있으나 끝이 없으면 perpetuus(영구한)라는 단어를 구분하여 쓰는데, 아우구스티누스는 '세계의 영원성', '영원한 창조'라든가 '질료의 영원한 존재'를 주장하는 사상가들을 염두에 두고서 불변(immutabile)을 영원(aeternum)과 동치시킨다.

악인들을 괴롭히는 영원한 불이 나쁜 것은 아니다

38. 그리고 불의한 자들을 괴롭힐 영원한 불도 악한 자연 본성이 아니니 나름의 정도와 형상과 질서를 지니고 있고 어떤 악의로 인해서 부패한 것이 아니기 때문이다. 하지만 그 형벌이 단죄받은 자들의 죄악에 상응하면서도 단죄받은 자들에게는 나쁘다. 저 빛[139] 역시 안질이 심한 자들을 괴롭힌다고 해서 악한 자연 본성은 아님과 같다.[140]

영원한 불이라고 함은 하느님처럼 영원하기 때문이 아니고 끝이 없기 때문이다

39. 그런데 영원한 불도 하느님처럼 영원하지는 않다. 그 불이 끝이 없기는 하지만 시작이 없지는 않은 까닭이다.[141] 하느님은 시작도 없다. 따라서 그 불은 죄인들의 형벌로 영구히 쓰임이 마땅하지만 가변적인 자연 본성이기도 하다. 참된 불사불멸이 참된 영원이고 이것이 바로 최고 불변인데[142] 하느님 홀로 그것을 갖추고 계시다. 그분은 도무지 변할 수 없다. 변할 수 있지만 변하지 않는다는 것 다르고, 아예 변할 수 없다는 것 다르다. 사람이 선하다는 말을 하게 되지만 하느님이 선하듯이 선하다는 말은 못한다. "하느님 한 분 외에는 아무도 선하지 않다"[143]는 말씀이 나왔다. 영혼이 불사불멸한다는 말을 하게 되지만 하느님이 그러하듯이 불사불멸한다는 말은 못한다.[144▶] 그래서 "홀로 불사불멸하시는 분"[145▶]이라는 말씀이 나왔다. 사람이 지혜롭다는 말을 하게 되지만 하느님이 그러하듯이 지혜롭다는 말

---

[142] 본서 첫머리(1절)에 "최고선(最高善)이 곧 하느님이다. 그리고 바로 그 점에서 하느님은 불변하는 선이요 따라서 참으로 영원하고 참으로 불멸하는 선이다"라고 선언했듯이 교부는 "불변하는 사물이 영원하다. 항상 여일하기 때문이다. 변하는 것은 상존하지 않고 따라서 영원하지 않다. … 영원한 것이 모두 불멸하지만 불멸하는 것이 모두 영원하지는 않다"(『여든세 가지 다양한 질문』*De diversis quaestionibus 83*, 19)고 거듭 언명한다.

[143] 마르 10,18.

sicut deus, de quo dictum est: solus habet inmortalitatem et sicut dicitur homo sapiens non tamen sicut deus, de quo dictum est: soli sapienti deo: sic dicitur ignis aeternus non tamen sicut deus, cuius solius inmortalitas est uera aeternitas.

40. Quae cum ita sint secundum catholicam fidem et sanam doctrinam et intellegentibus perspicuam ueritatem, nec naturae dei nocere potest quisquam nec natura dei nocere iniuste cuiquam uel nocere inpune patitur quemquam; qui enim nocet, ait apostolus, recipiet id, quod nocuit et non est personarum acceptio apud deum.

41. Quod Manichaei si uellent sine pernicioso studio defendendi erroris sui et cum dei timore cogitare non scelestissime blasphemarent inducendo duas naturas, unam bonam, quam dicunt deum, alteram

---

◂144 『여든세 가지 다양한 질문』 23 참조: "영혼도 영원성을 갖춘 것으로 인식하거나 믿지만 영혼은 영원성에 참여하여 영원해진다. … 참여에 의해서 유사해지는 비유사성도 아울러 받는 법이다."
◂145 1티모 6,15-16 참조: "주님들의 주님이신 분, 홀로 불사불멸하시며 다가갈 수 없는 빛 속에 사시는 분." 인간 영혼은 하느님 실체의 편린이므로 모든 면에서 동질적이라고 믿는 마니교도들을 염두에 두고 이 성경 구절을 인용하고 있다.
146 로마 16,27.
147 아우구스티누스는 마니교를 그리스도교 이단 가운데 하나로 간주하여 그 많은 토론을 벌이므로 '가톨릭 신앙'과 대비시키는 어투를 자주 구사한다.

은 못한다. "홀로 지혜로우신 하느님께"¹⁴⁶라는 말씀이 나왔다. 이와 마찬가지로 불이 영원하지만 하느님이 그러하듯이 영원하지는 않으니 오직 그분의 불멸이 참다운 영원이기 때문이다.

아무도 하느님께 악을 행하지 못하고, 하느님의 의로운 배려 없이는 타자에게도 악을 행하지 못한다

40. 가톨릭 신앙과 건실한 교리에 따르면 사정이 이러하므로,¹⁴⁷ 제대로 이해하는 사람들에게는 진리가 명백하다.¹⁴⁸ 곧 아무도 하느님의 자연 본성에 해를 끼치지 못하고, 하느님의 자연 본성이 누구에게 불의하게 해를 끼치지도 못하며, 누가 해를 끼치는 것을 벌 없이 용납하지도 않는다. 그래서 사도는 이런 말을 하였다. "해친 것은 해친 대가를 받을 것이다. 하느님께는 사람을 봐주시는 일이 없다."¹⁴⁹

마니교도들은 악의 자연 본성에 많은 선을 부여하고 선의 자연 본성에 많은 악을 부여한다

41. 마니교도들이 자기네 오류를 변호하는 해로운 시도를 하지 않고 하느님께 대한 두려움을 품고서 생각을 가다듬기로 한다면, 두 자연 본성을 끌어들이는 극히 사악한 모독冒瀆¹⁵⁰을 범하지 말아야 할 것이다. 그들은 하

---

¹⁴⁸ 합리적 논리를 '이해할 만한 사람들'을 상대로 성경을 전거 삼아 악한 사물이나 악의 원리가 존재하지 않음을 논증한 본서 제2부(24-40)가 여기서 끝나고, 마니교의 경전들을 길게 인용하면서 귀류법(歸謬法)을 구사하여 그들의 허구적 우주론을 날카롭게 성토하는 제3부(41-47)가 이어진다.

¹⁴⁹ 콜로 3,25 참조: "불의를 저지르는 자는 자기가 저지른 불의의 대가를 받을 것입니다. 여기에는 사람을 차별하는 일이 없습니다."

¹⁵⁰ 마니교에서도 거짓말을 하느님을 모독하는 말(blasphemia)로 간주하였으므로, '빛의 아버지'인 하느님이 '어둠의 땅'(terra tenebrarum)으로부터 침범을 당하고 포로로 사로잡히고 온갖 고초를 겪는다는 마니교 교리는 전능하고 완전한 하느님께 대한 '독성죄'(瀆聖罪) 아니냐는 교부의 반문이다.

malam, quam non fecerit deus, ita errantes, ita delirantes, immo uero ita insanientes, ut non uideant et in eo, quod dicunt naturam summi mali, ponere se tanta bona, ubi ponunt uitam, potentiam, salutem, memoriam, intellectum, temperiem, uirtutem, copiam, sensum, lumen, suauitatem, mensuras, numeros, pacem, modum, speciem, ordinem: in eo autem, quod dicunt summum bonum, tanta mala: mortem, aegritudinem, obliuionem, insipientiam, perturbationem, inpotentiam, egestatem, stoliditatem, caecitatem, dolorem, iniquitatem, dedecus, bellum, inmoderationem, deformitatem, peruersitatem. Principes enim tenebrarum et uixisse in sua natura dicunt et in suo regno saluos fuisse et meminisse et intellexisse. Sic enim contionatum illi dicunt principem tenebrarum, ut neque ipse talia dicere neque ab eis, quibus dicebat, audiri sine memoria et intellectu potuisset: et habuisse temperiem animo et corpori suo congruam et uirtute potentiae regnasse et copias elem-

---

[151] 교부는 마니교도들이 '최고악'이라는 존재에게 이하에 열거하는 온갖 선들을 부여하고 '최고선' 하느님에게 온갖 악을 부여하는 자가당착을 논지로 삼는다.

[152] temperies: 본래 히포크라테스 이후로 정착된 인간의 네 가지 기질 — 다혈질, 담즙질, 우울질, 점액질 — 을 가리키는데 아우구스티누스는 중용(中庸)을 가리키는 '조절'이라는 의미로도 병행한다. "modestia(절도)라는 말은 물론 modus[법도(정도)]라는 단어에서 유래하였고 temperantia(절제)라는 단어는 temperies(조절)라는 단어에서 유래하였다. 법도(정도)와 조절이 있는 곳에서는 과불급(過不及)이라는 것이 없다"(『행복한 삶』 4,32).

[153] 선한 사물(자연 본성)이 갖춘 형이상학적 범주를 마니교도들은 악의 원리라는 '어둠의 땅'에 고스란히 부여하고 있다.

나는 선한 자연 본성이고 하느님이라고 부르며, 다른 하나는 악하고 하느님이 만들지 않은 자연 본성이라고 한다. 그토록 그릇되고 그토록 망상에 빠지고 그토록 정신 나가선지 그들은 보지를 못한다.[151] 자기네가 최고악最高惡의 자연 본성이라 일컫는 사물도 스스로 수많은 선을 갖춘 것처럼 말하면서 그것에 생명, 능력, 건강, 기억력, 인식, 기질,[152] 위력, 풍요, 지각, 빛, 감미, 척도, 수리, 평화, 정도, 형상, 질서[153]를 부여하고 있음을! 더구나 자기네가 최고선이라고 일컫는 사물도 수많은 악을 갖춘 것처럼 말하고 거기에 악을, 곧 죽음, 병약, 망각, 어리석음, 당혹, 무력함, 빈궁, 우둔, 맹목, 고통, 사악, 수치, 전쟁, 무절제, 기형, 부조리를 부여하고 있음을![154] 그자들은 어둠의 지배자들도 자기네 자연 본성을 가지고 살았다는, 자기네 왕국에서는 그런 대로 건전했고 기억을 했고 이해를 했다는 말을 한다.[155] 그자들 말로는 저 어둠의 지배자가 선동 연설을 했다고 하는데, 만일[156] 기억력과 이해력을 갖추고 있지 못했더라면 그 지배자는 스스로 하던 말을 알아듣지 못했을 것이고 그 지배자가 말을 건네는 상대방들에게도 자기 말을 이해시키지 못했을 것이다. 또 그 지배자도 자기 영혼과 신체에 적합한 성정을 갖추었을 것이고, 권능의 위력을 행사하여 통치하였을 것이고, 풍족하고 출산력 있는 자기 원소元素들을 가지고 있었을 것이고, 자기가 빛과 인접해 있다거나 빛이 자기한테 인접해 있다는 깃을 감지히고 있었을 것이

---

[154] 마니교도들이 말하는 선의 원리와 속성들, 악의 원리와 속성들이 결코 양립 못할 반대편에 그대로 서술되고 열거되고 부여된다.

[155] 마니교 우주관에서는 '어둠의 족속'(gens tenebrarum) 곧 악마들은 어둠, 물, 바람, 불 그리고 연기의 다섯 세계로 이루어진 독(毒)의 땅(terra pestifera)에 다섯 부류로 나뉘어 지배하며 각각의 무리에 '지배자'(princeps)가 따로 있는 것처럼 묘사된다.

[156] 이 절에만도 스무 개의 '만일'(si, nisi)과 열다섯 개의 의문문(si ... quid?)으로, 또 동사를 '접속법'으로 써서 상대방을 공략하는 성토문(invectum)이다.

entorum suorum ac fecunditates habuisse et sensisse se inuicem ac sibi uicinum lumen et oculos habuisse, quibus illud longe conspicerent; qui utique oculi sine aliquo lumine lumen uidere non poterant, unde recte etiam lumina nominantur; et suauitate suae uoluptatis esse perfruitos et dimensis membris atque habitationibus determinatos fuisse. Nisi autem etiam qualiscumque pulchritudo ibi fuisset, nec amarent coniugia sua nec partium congruentia corpora eorum constarent: quod ubi non fuerit, non possunt ea fieri, quae ibi facta esse delirant. Et nisi pax aliqua ibi esset, principi suo non oboedirent. Nisi modus ibi esset, nihil aliud agerent quam comederent aut biberent aut saeuirent aut quodlibet aliud sine aliqua satietate; quamquam nec ipsi, qui hoc agebant, formis suis determinati essent, nisi modus ibi esset. Nunc uero talia dicunt eos egisse, ut in omnibus actionibus suis modos sibi congruos habuisse negare non possint. Si autem species ibi non fuisset, nulla ibi qualitas naturalis subsisteret. Si nullus ordo ibi fuisset, non alii dominarentur, alii subderentur, non in suis elementis congruenter uiuerent, non denique suis locis haberent membra disposita, ut illa

---

[157] sine lumine lumen videre: 아우구스티누스는 우리 눈에서 나오는 안광이 대상물에 닿아 대상물을 본다는 스토아 감각론을 인용하였고, et in lumine tuo videbimus lumen(당신 빛으로 저희는 빛을 봅니다: 시편 36,10)이라는 구절을 근거로 조명설을 주장하였다.

[158] 로마 문학은 자주 '눈'을 '빛'(광체)으로 형용하였다[예컨대 '두 눈이 멀어'(luminibus amissis, 빛들을 잃고서): 키케로 『투스쿨룸 대화』*Tusculanae disputationes* 5,39,114].

고, 눈을 가지고 있어서 빛을 멀리서 관조하고 있었을 것이며, 그 눈 역시 빛 없이는 빛을 보지 못했을 것이고[157] — 그래서 눈을 가리켜 빛이라고 명명하는[158] 일이 옳기도 하다 — 그 역시 자기 감미로운 쾌락을 향유하고 있었을 것이며, 일정한 지체肢體와 한정된 공간을 지니고 있었을 것이다. 만일 그 존재에게 나름대로 어떤 아름다움이 없었더라면 자기들의 혼인婚姻을 좋아했을 리도 없고, 그들의 신체 역시 부분들의 조화로 성립되지 않았을 것이며, 그런 것이 없다면 거기서 생겨났다고 헛소리하는 것들도 생겨날 리 없었다. 또 만일 거기에 모종의 평화가 없었다면 자기네 지배자에게 복종도 하지 않았을 것이다. 만일 거기에 모종의 정도程度가 없었다면 저 지배자들이 먹거나 마시거나 날뛰거나, 만족을 모르는 짓거리들 말고는[159] 아무것도 하지 않았을 것이다. 이런 짓들을 하는 자들마저도 만일 거기에 모종의 정도가 있지 않았더라면 나름의 형상으로 규정된 존재도 아니었을 것이다. 그렇지만 저 지배자들이 이러저러한 일을 했다고들 말하니까 그자들의 모든 행동에는 그 나름의 정도가 있었음은 부인할 길이 없다. 거기에 만일 형상形象이 없었다면 본연적 속성이라는 바탕도 존재하지 않았을 것이다.[160] 거기에 만일 질서秩序가 아무것도 없었다면 누구는 지배하고 누구는 복종하는 일도 없었을 것이고, 각각의 원소元素에 적합하게 살아가는 일도 없었을 것이며, 지체들이 제 위치에 놓이지도 않았을 것이다. 그러면 그들이 얘깃거리로 들려주는 것처럼 저 지배자들이 수행한다는 저 모든 일도 일어나지 못할 것이다. 그 사람들도 하느님의 자연 본성이 죽는 것이라

---

[159] 사본에 따라 sine aliqua societate로 나오므로 '한 집단으로 뭉치지 않고서도 저지르는 짓거리들 말고는'이라고 읽힌다.

[160] qualitas naturalis subsisteret: 자연 본성(natura)으로서의 성질(qualitas)이 갖춰진 실체(substantia)라고 묘사된다.

omnia, quae uana isti fabulantur, agere possint. Dei autem naturam si non dicunt mortuam, quid secundum eorum uanitatem suscitat Christus? Si non dicunt aegram, quid curat? Si non dicunt oblitam, quid commemorat? Si non dicunt insipientem, quid docet? Si non dicunt perturbatam, quid redintegrat? Si non uicta et capta est, quid liberat? Si non eget, cui subuenit? Si non amisit sensum, quid uegetat? Si non est excaecata, quid inluminat? Si non est in dolore, quid recreat? Si non est iniqua, quid per praecepta corrigit? Si non est dedecorata, quid mundat? Si non est in bello, cui promittit pacem? Si non est immoderata, cui modum legis imponit? Si non est deformis, quid reformat? Si non est peruersa, quid emendat? Omnia enim haec a Christo non illi rei praestari dicunt, quae facta est a deo et arbitrio proprio peccando deprauata, sed ipsi naturae, ipsi substantiae dei, quae hoc est quod deus.

42. Quid istis blasphemiis comparari potest? Nihil omnino. Sed si aliarum peruersarum sectarum considerentur errores, si autem iste

---

[161] 마니교가 내세우는 예수의 세 가지 모상(Iesus patibilis, Iesus splendor, Iesus filius dei) 중에 '광명의 예수'(Iesus splendor)는 '빛의 아버지'의 영적 현신(現身)으로서 어둠의 지배자가 악한 물질로 빚어낸 아담과 하와를 깨우치고 빛의 본성을 타고난 '원시 인간'이나 '영혼'을 해방시키려고 파견된다고 한다.

[162] deformis ... reformat: 아우구스티누스 구원론의 전형적 표현이다.

[163] '자유의지'를 본서(41; 42; 43)에서는 '의지'(voluntas), '자유의지'(libera voluntas), '의지의 자유의사'(liberum voluntatis arbitrium)로 다양하게 표현한다.

[164] 마니교도들의 설화에 의하면(다음 42절 참조), '원시 인간'도 '영혼'도 하느님의 본질에서 유출되었고 — "돌조각도 돌이다" — 하느님과 본질이 같으므로, 구원받아야 할 인간의 여러 불완전과 한계를 결국 하느님께 돌리는 어리석음이 온다.

고는 말하지 않을 텐데, 그들의 황당한 교리에 따라 그리스도가 무엇을 일깨운다는 말일까?[161] 만일 자연 본성이 병들었다고 말하지 않는다면 뭘 낫게 한다는 말인가? 만일 잊어버렸다고 하지 않으면 뭣을 상기시킨다는 말인가? 만일 어리석다고 하지 않는다면 뭣을 가르친다는 말인가? 만일 혼겁한다고 말하지 않는다면 뭣을 수습해 준다는 말인가? 만일 패하여 사로잡히지 않았다면 뭘 해방한다는 말인가? 만일 부족하지 않다면 누굴 돕는단 말인가? 만일 기력을 놓지 않았다면 무슨 활기를 북돋는다는 말인가? 만일 무엇에 현혹당하지 않았다면 뭘 비춰 준다는 말인가? 만일 고통 중에 있지 않다면 뭘 북돋는다는 말인가? 만일 악해지지 않았다면 계명을 통해 뭘 바로잡는다는 말인가? 만일 추루해지지 않았다면 뭘 정화시킨다는 말인가? 만일 전쟁 중이 아니라면 누구에게 평화를 약속한다는 말인가? 만일 절도를 잃어버린 것이 아니라면 누구한테 법의 정도를 부여한단 말인가? 만일 기형화하지 않았다면 뭘 재형성한다는 말인가?[162] 만일 뒤집히지 않았다면 무엇을 바로잡는다는 말인가? 그리스도에 의해서 제공되는 이 모든 일을 두고 저들은 하느님에 의해서 만들어진 저런 사물, 자기 의지[163]로 죄를 지어 비뚤어진 사물에 돌리지 않고 저 자연 본성 자체에, 하느님의 실체에,[164] 다시 말해서 하느님인 그것에 돌려야 한다는 말을 하고 있다.[165]

하느님의 자연 본성에 관한 마니교도들의 모독

42. 저런 모독에 견줄 만한 것이 무엇일까? 전혀 없다. 다른 그릇된 종파들의 오류를 염두에 두고서 본다면 저기에 견줄 만한 것이 전혀 없다. 우리

---

[165] 마니교 교리에 의하면 생식은 신성한 영혼을 사악한 물질에 가두는 행위이므로 '말씀의 육화'는 있을 수 없고, 예수의 구원 사업 역시 '죽음의 육체'에 갇힌 영혼을 해방시키는 활동으로 해석된다.

sibi error ex parte altera, de qua nondum diximus, comparetur, adhuc etiam multo peius et execrabilius in dei naturam blasphemare conuincitur. Dicunt enim etiam nonnullas animas, quas uolunt esse de substantia dei et eiusdem omnino naturae, quae non sponte peccauerint, sed a gente tenebrarum, quam mali naturam dicunt, ad quam debellandam non ultro, sed patris imperio descenderunt, superatae et oppressae sint, affigi in aeternum globo horribili tenebrarum. Ita secundum eorum sacrilega uaniloquia deus se ipsum in quadam parte a magno malo liberauit et rursus se ipsum in quadam parte damnauit, quam liberare ab hoste non potuit et tamquam de ipso hoste deuicto insuper triumphauit. O scelestam et incredibilem audaciam talia de deo credendi, talia loquendi, talia praedicandi! Quod cum defendere conantur, ut in peiora inruant clausis oculis, dicunt malae naturae commixtionem facere ista, ut bona dei natura tanta mala patiatur; nam ipsam apud se ipsam nihil horum pati potuisse uel posse. Quasi inde laudanda sit natura incorruptibilis, quia ipsa sibi non nocet, et non quia ei nihil noceri ab aliquo potest. Deinde

---

[166] 순일한 하느님에게는 실체(substantia)와 본성(natura)이 전적으로 동일하지만 적절한 용어는 아니다. 『삼위일체론』 7,5,10: "하느님을 '실체'(實體)라고 일컫는 것은 적절하지 못하지만 하는 수 없이 그렇게 일컫는 것이고, 일상적으로 쓰이는 이 명사를 가지고 '존재'(存在)라는 것을 알아들으려는 노력일 뿐이다. '존재'야말로 참으로 또 고유하게 하느님을 언표하므로 하느님 홀로 '존재'라고 언표되어 마땅할 것이다."

[167] globus: 어둠의 질료가 빛의 왕국에 침범하여 오염시킨 결과, 단죄받은 무리가 갇혀 영원히 고통받는 격리처로 가정된다.

[168] 마니교도들에게 영혼은 하느님의 실체의 한 조각(pars)이고 이 영혼이 어둠의 족속과 싸우다 악에 오염(contaminatio)되어 어둠의 구체 속에 갇히고 말았으므로 결국 하느님이 거기에 붙박이고 온갖 해를 입은(noceri) 셈이 된다.

가 아직 언급하지 않은 다른 면을 따지고, 그런 오류를 그 종파 자체의 가르침과 비교해 본다면, 하느님의 본성을 두고 더없이 악하고 더없이 가공스럽게 모독을 범하고 있다는 확신이 든다. 그들은 어떤 영혼도 하느님의 실체實體[166]에서 유래하고 그분의 본성本性과 전적으로 같은 것으로 설정하려고 하며 그런 영혼들은 자발적으로 죄를 짓는 것이 아니라 악의 자연 본성이라고 말하는, 어둠의 족속에 의해서 죄를 짓는 것처럼 얘기한다. 그 밖에도 저 족속에게 대항하려고 저 영혼들이 내려왔는데 자의로 온 것이 아니라 아버지의 명령으로 왔음에도, 저 족속에게 정복당하고 억눌려서 영원히 어둠의 가공할 구체球體[167]에 붙박여 버리고 말았다고 한다. 그들의 모독적이고 황당하게 꾸민 얘기에 의하면, 하느님이 일부로는 당신 자신을 대악大惡으로부터 해방시켰다고, 그리고 정반대로 일부로는 적에게서 해방시키지 못한 당신의 한 부분을 단죄하였다고. 그러면서도 마치 적을 정복한 것처럼 개선 행진을 하였다는 설명이다.[168] 하느님을 두고 감히 그따위를 믿고 그따위를 말하고 그따위를 설교하다니, 오, 얼마나 죄스럽고 믿기지 않는 만용인가![169] 그런 얘기를 옹호하려다 보니 눈을 질끈 감고서 더 못한 지경으로 뛰어드는데, 악한 자연 본성과의 혼합混合[170]이 이런 현상들을 조성한다는 말까지 한다. 마치 하느님의 본성이 그 자체로 있으면 그런 것을 아무것도 당할 수 없었고 당할 수 없을 텐네 하느님의 선한 본성이 그런 혼합으로 저 많은 악을 당하게 되는 것처럼 말한다. 즉, 하느님의 본성

---

[169] 아우구스티누스는 전능한 하느님의 불가침(inviolabilitas)을 전제로, 마니교 경전에 나오는, 절대선이 절대악과 혼합되었다는 교설(41), 혼합되기 전에도 절대선이 이미 부패에 노출되었고(42), 무죄한 영혼을 억지로 물질세계로 파견하였으며(43), 하느님의 구원 계획도 형편없는 실패로 끝나리라는(44) 교설을 공박한다.

[170] 마니교 우주론에 따르면, '어둠의 땅'과 '빛의 땅'은 남북으로 접경하여 세력을 겨루고 있는데 '어둠의 땅'이 남쪽에서 쐐기처럼 북쪽으로 치켜 올라가 혼합하는(malae naturae commixio) 현상이 발생한다.

si natura tenebrarum nocuit naturae dei et natura dei nocuit naturae tenebrarum: duo ergo mala sunt, quae sibi inuicem nocuerunt, et meliore animo fuit gens tenebrarum, quia etsi nocuit, nolens nocuit; neque enim nocere, sed frui uoluit bono dei. Deus autem illam extinguere uoluit, sicut Manichaeus apertissime in epistula ruinosi sui Fundamenti delirat. Oblitus enim, quod paulo ante dixerat: "ita autem fundata sunt eiusdem splendidissima regna supra lucidam et beatam terram, ut a nullo umquam aut moueri aut concuti possint", postea dixit: lucis uero beatissimae pater sciens labem magnam ac uastitatem, quae ex tenebris surgeret, aduersum sua sancta impendere saecula, nisi aliquod eximium ac praeclarum et uirtute potens numen obponat, quo superet simul ac destruat stirpem tenebrarum, qua extincta perpetua quies lucis incolis pararetur. Ecce timuit labem ac uastitatem impendentem saeculis suis. Certe sic erant fundata super lucidam et beatam terram, ut a nullo umquam moueri aut concuti possent. Ecce a timore nocere uoluit uicinae genti, quam destruere et extinguere conatus est, ut perpetua quies lucis incolis pararetur. Quare non addidit "et perpetuum uinculum?" An illae animae, quas in globo tenebrarum in aeternum configit, non erant incolae lucis,

---

[171] 아우구스티누스는 복음서(마태 11,12: "하늘나라는 폭행을 당하고 있다. 폭력을 쓰는 자들이 하늘나라를 빼앗으려고 한다")까지 인용하면서 어둠의 땅이 빛의 땅을 공격한 것은 '빛'을 차지하기 위한 선의에서 나왔으니 나쁠 것 없지 않느냐고 반문한다(『마니교도 파우스투스 반박』 21,26).

[172] 마니의 『기조 서간』으로 알려진 문서이며, 이 문헌을 분석하여 반박하는 저서 『마니교 기조 서간 반박』을 이미 집필한 바 있다(397년).

은 타자에 의해서 아무런 해를 입을 수 없다는 점에서가 아니라 스스로 자기에게 해를 끼치지 않는다는 점에서 결손缺損을 입지 않는 본성처럼 칭송을 받아야 하는 것처럼 말이다. 그러니 어둠의 본성이 하느님의 본성에 해를 끼쳤고 또 하느님의 본성이 어둠의 본성에 해를 끼쳤다면, 서로 해를 끼친 만큼 이 둘 다 악하고, 차라리 어둠의 족속이 더 나은 정신을 지녔다고 할 것이니 만일 해를 끼쳤다면 내키지 않으면서 해를 끼쳤고, 정작 바란 것은 하느님에게 해를 끼치려는 것이 아니라 하느님의 선을 향유하려 욕심낸 것이었기 때문이다.[171] 그런데 마니카이우스가 자기의 파멸적인 기조 사상을 담은 서간에서[172] 아주 노골적으로 행한 헛소리대로, 하느님은 저 족속을 아예 몰살시키려고 했다. 그 사람은 자기가 조금 전에 했던 말을 잊어먹은 것이다. "그분의 지극히 광휘로운 왕국은 밝고도 행복한 땅 위에 기초가 세워져 있었고 그 누구에 의해서도 흔들리거나 넘어질 수 없었다." 그 다음 이런 말도 하였다. "그러므로 지극히 복되신 광명의 아버지께서 당신의 성스러운 세기世紀들을 저지시키려고 어둠에서 일어서는 막심한 오염과 황폐를 아시고, 비범하고 탁월하고 세력으로 힘센 어떤 정령을 마주 세우지 않으신다면, 그리고 그 정령[173]을 시켜 어둠의 족속을 쳐부숨과 동시에 파괴함으로써 그 족속이 전멸되어 빛의 주민들에게 영구한 안녕이 마련되게 하시니 …."[174] 그러니까 하느님은 당신의 세기들을 지지시키려는 오염과 황폐를 두려워했다. 빛나고 행복한 땅 위에 세워져 누구에 의해서도 흔들리거나 넘어질 수 없는 지극히 광휘로운 왕국이 겨우 이런 기초에 세

---

[173] numen: 마니교 문전에는 하느님이 어둠의 족속을 물리치는 데에 '정령'이라는 중간 존재를 파견하는데, '위대한 영', '생명의 어머니', '원초 인간' 등으로 현신한다.

[174] 아우구스티누스의 여러 저서에서 이 대목이 거듭 인용되고 제자 에보디우스(De fide 11)도 이 문장을 인용하고 있어 마니교 경전의 원문으로 간주되고 있다.

선의 본성 III

de quibus aperte dicit, quod errare se a priore lucida sua natura passae sint? Ubi et nolens coactus est dicere libera eas uoluntate peccasse, qui non uult peccatum ponere nisi in necessitate naturae contrariae ubique nesciens, quid loquatur, et tamquam ipse iam inclusus sit in tenebrarum globo, quem finxit, quaerens, qua exeat, et non inueniens. Sed dicat quod uult seductis et miseris, a quibus multo amplius quam Christus honoratur, ut hoc pretio tam longas et tam sacrilegas eis fabulas uendat. Dicat quod uult, includat in globo tamquam in carcere gentem tenebrarum et forinsecus affigat naturam lucis, cui de hoste exstincto quietem perpetuam promittebat: ecce peior est poena lucis quam tenebrarum, peior poena diuinae naturae quam gentis aduersae. Illa quippe etsi in tenebris intus est, ad naturam eius pertinet in tenebris habitare; animae autem, quae hoc sunt quod deus, non poterunt recipi, sicut dicit, in regna illa pacifica et a uita ac libertate sanctae lucis alienabuntur et configentur in praedicto horribili globo: unde et adhaerebunt, inquit, iis rebus animae eaedem, quas dilexerunt, relictae in eodem tenebrarum globo, suis meritis id sibi conquirentes. Certe non est liberum uoluntatis arbitrium. Uidete quomodo insaniens quid dicat ignorat et contraria sibi loquendo peius bellum contra se gerit quam contra deum ipsius gentis teneb-

---

[175] 아우구스티누스가 마니교에 9년 넘게 심취한 이유가 "인간의 악행은 인간 속에 자리 잡은 두 영혼(duae animae) 가운데 악한 영혼(anima mala, mens mala) 혹은 '어둠의 족속'(gens tenebrarum)이 저지른 것이므로 필연적이다"라는 가르침이 솔깃해서였다.

[176] 마니의 순교일을 Bema라고 부르며 시편을 낭송하고 부활절보다 성대하게 축제를 지내던 기억을 교부는 간직하고 있었다(『마니교 기조 서간 반박』 8,9).

워졌다는 말인가? 그래서 하느님은 두려움 때문에 인접한 족속을 해치려고 하였고 그 족속을 파멸시키고 몰살시키려고 시도한 것이다. 빛의 주민들에게 영구적인 안녕이 확보되게 하려고 말이다. 마니카이우스는 거기다 '영구한 쇠사슬도 마련되게 하셨다'라는 말을 보태지 않았을까? 어둠의 구체球體에 영원히 붙박인 저 영혼들도 빛의 주민들이 아니었을까? 그 영혼들을 두고 '이전의 광휘로운 자기 본성으로부터 이탈해 나가는' 것처럼 얘기하였으니, 상반된 본성에서 오는 필연必然이 아니면 도대체 죄라는 것을 설정하기 싫어하던 인물이었음에도 불구하고 비록 마지못해서라도 저 영혼들이 자유로운 의지로 죄를 지었다고 공언하고 있다. 자기가 무슨 말을 하는지 모르는 품이, 마치 자신이 이미 자기를 붙박은 어둠의 구체에 갇히기라도 한 듯하다. 거기서 빠져나갈 출구를 찾고 찾는데 못 찾아내는 신세처럼 말이다. 마니카이우스야 이미 기만당한 가련한 자들에게 하고 싶은 말을 해도 좋다.[175] 그리고 저런 사람들한테서야 그리스도가 숭상받는 것보다 무척 폭넓게 스스로 칭송을 받아도 좋다.[176] 그런 대가로 저자들에게 저토록 지루하고 저토록 모독적인 얘깃거리를 팔아먹어도 좋다. 하고 싶은 대로 지껄이시라. 감옥에 가두듯이 어둠의 족속을 구체에 가둬 두시라. 그리고 빛의 본성을 사로잡아 겉에다 묶어 놓으시라. 자기 입으로 빛의 본성에게 약속했다, 어둠의 족속이라는 적이 전면하고 나면 영구한 평안! 그러고 나면 보시라, 빛의 죄벌이 어둠의 죄벌보다 더 못하고, 신적 본성의 죄벌이 반대 족속의 죄벌보다 더 가혹한 것이 되고 만다. 악의 본성이야 어둠 속에 들어앉아 있어도 어둠에 머무는 것쯤이야 자기 본성에 해당한다. 그렇지만 영혼들은 하느님이기도 하다면서, 마니카이우스가 하는 말대로, 평화로운 왕국에 받아들여지지 못할 것이고, 거룩한 빛의 생명과 자유로부터 소외당하고 말 것이고, 앞서 얘기한 가공할 구체에 붙박이고 말 것이다. 그

rarum. Deinde si propterea damnantur animae lucis, quia dilexerunt tenebras, iniuste damnatur gens tenebrarum, quae lucem dilexit. Et gens quidem tenebrarum lucem ab initio dilexit, quam etsi uiolenter, tamen possidere uoluit, non extinguere, lucis autem natura in bello tenebras extinguere uoluit; eas ergo uicta dilexit. Quod uultis eligite: utrum necessitate conpulsa, ut diligeret tenebras, an uoluntate seducta: si necessitate, quare damnatur? Si uoluntate, quare dei natura in tanta iniquitate deprehenditur? Si necessitate dei natura coacta est diligere tenebras, uicta est ergo, non uicit; si uoluntate, quid iam miseri dubitant peccandi uoluntatem tribuere naturae, quam deus ex nihilo fecit, ne retribuant eam luci, quam genuit?

---

[177] 사본에 따라서는 '이것이 혹시 의지의 자유로운 의사가 아닐까?'로 읽힌다.

[178] 여태까지는 '어둠의 족속의 지배자'(princeps)로 언명되었는데 조롱조로 '어둠의 족속의 신'(deus)으로 부른다.

[179] 위의 각주 169 참조.

[180] eas ergo victa dilexit. 빛에서 나왔지만 빛과 실체가 같은 영혼들이 '어둠을 사랑하였다'는 마니의 말은, 결국 빛 자체가 싸움에 져 어둠에 사로잡히고 더구나 어둠을 사랑하게 되었다는 모순을 내포한다.

[181] 마니교는 세상에서 관찰되는 악을 선한 하느님께 돌리지 않기 위해서 악의 원리를 상정했다. 악을 선택하는 인간 행위를 본인의 자유의지 아닌 하느님께 귀속시키거나 죄인에게 응분의 죄벌이 돌아가는 것이 부당하다는 주장은 본래의 취지와 모순된다.

[182] peccandi voluntas. 자유의지를 준 것은 '죄지을 의지'를 준 것이 아니냐는 힐문에 교부는, "의지가 죄짓는 첫째 원인"(voluntas est prima causa peccandi)이므로 더 이상 그 원인을 소급하지 말라(『자유의지론』 3,17,49)고 단언한다. 인간이 죄지을 줄을 하느님이 예지하신다면 인간은 필연적으로 죄를 지을 수밖에 없지 않느냐는 반문에는 "다른 사람이 자기 의지로 무엇을 행할지 그대의 예지로 그대가 미리 안다고 해서 이 둘이 상충되는 것은 아니듯이, 하느님께서도 아무도 죄짓도록 강제하지 않으신 채로 인간들이 자기 의지로 범죄하리라는 것을 예지하신다"(같은 책 3,4,9)고 대답한다.

것을 두고 마니카이우스 본인이 하는 말이 있다. "저 영혼들은 자기네가 사랑한 이런 사물들에 애착하리니, 저 영혼들은 어둠의 저 구체 속에 버림받아 남을 것이다. 자기 탓으로 저 구체를 자기에게 탐하게 된 까닭이다." 저자의 말대로라면 분명히 이것도 의지의 자유로운 의사가 아니란다.[177] 그러니 이 정신 나간 사람이 어떻게 자기도 모르는 소리를 하고 있는가 보시라. 자기에게 모순되는 말을 함으로써 어떻게 그자가 어둠의 족속의 신[178]을 상대로 걸었다는 전쟁보다 더 못한 전쟁을 자기한테 걸고 있는가를 보시라. 빛의 영혼들이 어둠을 사랑하였기 때문에 단죄를 받는다고 하자. 그렇다면 어둠의 족속이 빛을 사랑해서 단죄를 받는다면 불의한 일이다. 또 어둠의 족속이 당초부터 빛을 사랑했다는 말이다. 비록 난폭하게 굴기는 했지만 빛을 차지하려고 했지 소멸시키려고 하지 않았다.[179] 그 대신 빛의 자연본성은 전쟁을 걸어 어둠을 소멸시키려고 하였다. 빛이 패하자 어둠을 사랑하게 되었다는 말이다.[180] 그러니 마니교도 여러분은 양단간에 원하는 바를 택하시라. 빛이 필연에 의해서 어둠을 사랑하게 강요를 받았다고 말하거나, 의지로 기만당하여 어둠을 사랑하게 되었다거나 둘 중 하나를 택하시라. 필연에 의해서라면 왜 단죄받는가? 의지로 그랬다면 그 엄청난 악을 두고 왜 하느님의 본성이 힐난을 받는가?[181] 만일 하느님의 본성이 필연에 의해서 어둠을 좋아하게 강요받았다면, 하느님의 본성이 패한 것이지 이긴 것이 아니다. 그 대신 만일 의지로 그렇게 했다면 이미 가련한 인생들이 그 죄짓는 자유를[182] 자연 본성에다, 하느님이 무로부터 만들어 낸 자연 본성에다 돌리기를 뭣 때문에 망설이는가? 그 자유를 하느님이 낳은 빛에다 돌릴 것이 아니고 말이다.

43. Quid? Si etiam ostendimus ante commixtionem mali, quam fabulose confictam dementissime crediderunt, in ipsa lucis natura, quam dicunt, magna mala fuisse, quid ad istas blasphemias addi posse uidebitur? Illic enim fuit, antequam pugnaretur, dura et ineuitabilis pugnandi necessitas. Ecce iam magnum malum, antequam bono misceretur malum. Dicant, hoc unde, cum adhuc nulla esset facta commixtio. Si autem necessitas non erat, uoluntas ergo erat. Unde et hoc tam magnum malum, ut deus ipse naturae suae nocere uellet, cui noceri ab hoste non poterat, mittendo eam crudeliter mis-

---

[183] 마니교에 대한 두 번째 반박 요지: '하느님은 오염되지 않는 분이다'라는 명제를 전제한다면, '원시대'에는 굳이 어둠의 세력과 싸우지 않기로 의지를 세운다면, 어둠이 하느님에게 해를 끼치지 못했을 테고, '중간대'에 하느님의 실체가 어둠에 침범을 당했다니 저 명제가 무너진 셈이며, 어둠을 분쇄하라고 하느님께 파견받은 영혼들이 '종말대'에 어둠의 구체에 영원히 갇힌다면 하느님의 실체 일부가 영원히 어둠에 오염된 채 남는다는 말이 되고 만다.

[184] 마니교 경전 『기조 서간』에는 우주사가 세 단계로, 빛의 땅과 어둠의 땅이 혼합되기 전 원시대(原始代, initium), 혼합을 거치면서 갈등하는 중간대(中間代, medium), 빛의 승리로 악과 그 수하들이 구체에 영원히 갇히는 종말대(終末代, finis)로 나뉜다.

[185] 위의 41절에서는 마니교도들이 빛의 아버지에게 엄청난 악을 부여하는 논리적 모순을 지적했다.

[186] 하느님의 본성에까지 침투하는 그 대악(大惡)이 도대체 어디서 유래하느냐는 힐문을 교부는 다섯 번이나 반복하여 마니교도들의 논리적 허점을 부각시킨다.

[187] 『고백록』(7,2,3)에서 네브리디우스가 내놓는 반박처럼, 어둠의 족속이 하느님에게 해를 끼칠 수 있다면 해코지를 당하는 만큼 하느님이 아니니 선의 원리가 존재하지 않고, 해를 입힐 수 없다면 하느님으로서는 어둠의 족속을 상대로 싸울 이유가 없으니 선의 원리 하나밖에 존재하지 않는다는 논지를 폈다.

[188] 앞의 각주 181에 의하면, '원시대'에 어둠의 족속과 겨룰 필요가 없었는데 하느님이 싸움을 시작한 것은 잔혹한 일(crudeliter)이고, '중간대'에 싸움으로 자신을 정화시키지만 어둠의 흔적이 여전히 남아 있으니 '추접한 일'(turpiter)이고, '종말대'에 하느님의 편린인 일부 영혼이 저 구체에 영원히 단죄된 채 남아 있다면 그들은 '부당하게'(inique) 단죄받아 갇히는 운명이다.

마니교도들은 악과 혼합되기 전에도 하느님의 본성에 많은 악을 부여하고 있다

43. 그래?[183] 하느님의 본성이 악과 혼합되기 전에[184] — 그런 혼합은 얘기로 지어낸 것인데 그것을 믿다니 정말 정신 나간 짓이다 — 저 사람들이 말하는 빛의 본성 자체에 이미 커다란 악들이 존재했음을 우리가 만약 입증해 보인다면,[185] 저런 모독에 무엇을 더 보탤 수 있다고 보일까? 저 본성 안에는 싸움을 하기 전에도 싸움을 하지 않을 수 없는 필연성, 싸워야 할 강력하고 불가피한 필연성이 있었다. 그러니까 악이 선과 혼합되기 전에 이미 대악大惡이 존재했다![186] 그러면 아직 아무런 혼합도 생기기 전인데, 이 악이 어디서 유래하였는지 말해 보시라. 만에 하나 필연성이 존재하지 않았다면 자유의지가 존재하고 있었다.[187] 그럼 하느님 친히 당신의 본성에 해를 끼치고 싶어지는 그런 대악이 어디서 유래했을까? 하느님의 본성에는 적敵도 해를 끼칠 능력이 없는 터에, 그 본성을 떠밀어 보내서 잔혹하게 악과 혼합하게 만들고, 추접하게 정화되게 만들고, 부당하게 단죄받게 만들었다는 말인가?[188] 그러니 보시라, 하느님에게 있었다는 자유의지의 악, 저 치명적이고 해롭고 사악하기 이를 데 없는 의지, 그 의지의 악이 얼마나 대단한가! 원수진 족속한테서 아무 악도 혼합되기 전에도 말이다.[189] 하느님이 혹시 자기 지체들에게 이런 일이 닥치리라는 것을 모르고 있었다는 말인가?[190] 자기 지체들이 어둠을 좋아하게 되리라는 것을, 성스러운 빛에 원수가 되리라는 것을, 다시 말해서 마니카이우스 친히 했다는 말처럼, 그

---

[189] 마니교의 교리대로라면, 어둠의 세력의 침범이 있기 전에도 싸움을 걸었다는 하느님의 의지는 어둠의 지배자들에게나 있었을 법한 '치명적이고 해롭고 사악하기 이를 데 없는' 것이 아니었느냐는 반문이다.

[190] 이하의 양도논법은 우선 ① 하느님에게 예지(praescientia)가 없어서 어둠이 자기에게 해를 끼칠 줄 몰랐거나, ② 예지했지만 어둠의 모든 행패를 감수했거나 둘 중 하나로 간주려 진다.

cendam, turpiter purgandam, inique damnandam? Ecce quantum malum perniciosae et noxiae et inmanissimae uoluntatis, antequam ullum malum de gente contraria misceretur. An forte nesciebat hoc euenturum membris suis, ut diligerent tenebras et inimicae existerent sanctae luci, sicut ipse dicit, hoc est non tantum deo suo, sed etiam patri, de quo erant? Unde ergo hoc in deo tam magnum ignorantiae malum, antequam ullum de gente contraria misceretur malum? Si autem futurum hoc sciebat, aut sempiterna in illo erat crudelitas, si de suae naturae futura contaminatione et damnatione nihil dolebat, aut sempiterna miseria, si dolebat. Unde et hoc tantum malum summi boni uestri ante ullam commixtionem summi mali uestri? Ipsa certe particula naturae ipsius, quae in illius globi aeterno uinculo configitur, si hoc sibi imminere nesciebat, etiam sic erat in natura dei sempiterna ignorantia; si autem sciebat, sempiterna miseria. Unde hoc tantum malum, antequam ullum de gente contraria misceretur malum? An forte magna caritate gaudebat, quia per eius poenam perpetua quies ceteris lucis incolis parabatur? Hoc quam nefas sit dicere naturae dei natura dei sic subueniri qui uidet, anathemet. Sed si hoc saltem ita faceret, ut ipsa luci inimica non fieret, posset fortasse non tamquam dei natura, sed tamquam aliquis homo

---

[191] 앞의 각주에서 ②의 경우라면, 하느님이 당신 영혼들이 그 행패를 당하는 것을 방지하지 않았으므로 하느님은 '잔인한' 분이거나, 무력해서 감수하였다면 하느님은 참으로 불행한 분이거나 둘 중 하나다.

[192] 마니교도들은 빛의 '영혼'들은 하느님의 유일한 실체를 공유하는, 하느님이라는 자연 본성의 분자(particula)라고 불렀다.

것들이 자기 하느님에게만 아니고 거기서 존재를 얻은 아버지에게까지 원수가 되리라는 것을 모르고 있었다는 말인가? 그러니 무지라는 이 대악이 어디서 하느님에게 유래하였을까? 원수진 족속으로부터 아무 악도 혼합되기 전 어디서 유래하였을까? 만일 이런 일이 일어나리라는 것을 하느님이 알고 있었다면, 그런데도 장차 올 자기 본성의 오염에 대해서도, 장차 올 단죄에 대해서도 아무 고통도 느끼지 않았다면, 하느님에게는 잔인함이 영구히 자리 잡고 있었다는 말이 된다.[191] 만일 그 일로 고통을 느꼈다면 하느님에게 있는 불행도 영구하였다는 말이 된다. 저 둘 중 하나다. 그러니 당신네 최고악과 전혀 혼합이 이루어지기 전에도 당신네 최고선에게 발생하는 이 대악이 어디서 유래하는가? 만일 하느님 본성의 그 분자分子[192]가 저 구체球體의 영원한 사슬에 붙박이게 되고, 그런 일이 하느님 당신에게 임박해 옴을 모르고 있었다면, 그것만으로도 하느님의 본성에는 영구한 무지가 자리 잡고 있었다만 말이다. 만일 알고 있었다면 영구한 불행이 거기 자리 잡고 있었다. 원수진 족속으로부터 아무 악도 뒤섞이기 전인데 어디서 이 대악이 유래하였다는 말인가? 아니면 하느님이 크나큰 애덕愛德을 베풀어 기뻐하였다는 말인가, 하느님의 본성이 당하는 죄벌을 통해서 빛의 여타 주민들에게 영원한 안식이 마련된다는 사실을 두고? 이런 식으로 하느님의 본성이 하느님의 본성에 구제가 된다는 따위의 말을 하는 것이 얼마나 불측한가를 알고서 이런 말을 하는 짓은 저주를 받아 마땅하리라.[193] 만에 하나라도 하느님의 본성이 그런 일을 한다면, 그러면서도 스스로 빛의 원수까지 되지는 않았다면, 그럴 경우 칭송을 받더라도 하느님의 본성으로서는 그렇게 칭송을 받을 만하지 않겠고, 어떤 인간이 칭송을 받듯이, 곧

---

[193] 사본에 따라서는 "하느님의 본성이 하느님의 본성에 구제가 된다"는 문구가 빠져 있다.

laudari, qui pro patria sua uellet mali aliquid pati, quod quidem malum ad tempus posset esse, non in aeternum. Nunc uero et illam in globo tenebrarum confixionem dicunt aeternam et non cuiusque rei, sed naturae dei. Et utique iniquissimum et execrabile et ineffabiliter sacrilegum gaudium erat, si dei natura gaudebat se tenebras dilecturam et lucis sanctae inimicam futuram. Unde hoc tam inmane et scelestum malum, antequam ullum ex gente contraria misceretur malum? Quis tam peruersam et tam inpiam ferat insaniam summo malo tribuere tanta bona et summo bono, quod deus est. Tanta mala?

44. Iam uero quod ipsam partem naturae dei dicunt ubique permixtam in coelis, in terris, sub terris, in omnibus corporibus, siccis et humidis, in omnibus carnibus, in omnibus seminibus arborum, herbarum, hominum, animalium, non potentia diuinitatis sine ullo nexu

---

[194] 다시 앞의 ②의 경우, 결국은 어둠에 대한 최종 승리 때문에 하느님이 일부 영혼을 희생시킨다면 하느님은 당신의 분자들을 희생시킬 정도로 어둠에 대해 두려움을 품고 있었거나, 최후 승리를 거둔 뒤 당신의 분자인 일부 영혼들이 어둠에 오염되거나 어둠의 구체에 영구히 갇힌다면 하느님 자신이 오염되고 갇히는 편이므로 그 승리는 극히 불완전하다는 논박을 다시 받게 된다.

[195] ②의 경우 또 마니교의 하느님은 결국 어둠에 동화되어 어둠을 사랑하게 됨으로써 당신의 선한 본질을 완전히 배반하거나, 당신의 분자들이 영원한 파멸에 처함을 동정하지 않고 유기하는, 사랑과 전능에 위배되는 분으로 드러난다.

[196] 우리가 따르는 Zycha의 비판본은 현대의 다른 비판본이나 번역문과 달리 이 문장을 ... et summo bono, quod deus est. Tanta mala?라고 표기하여 본문 21, 22, 23 내용과도 엇갈리고 뜻이 애매하므로, 학자 일반의 문장 해독에 따라서 quod deus est, tanta mala?로 수정하여 읽고 번역하였다.

자기 조국을 위해서 어떤 해악을 참아 견디고 싶어 해서 칭송을 받는 모양새는 되겠다.[194] 물론 그런 악은 일시적으로 겪을 수 있지만 영원히 당하는 악은 아니다. 어떻든 저 사람들이 하는 말대로는, 어둠의 구체 속에 붙박이 되는 일이 영원하고, 그것도 평범한 사물의 붙박이가 아니라 하느님 본성의 붙박이다. 만약 하느님의 본성이 언젠가 어둠을 사랑하게 되리라고 기뻐하거나 성스러운 빛에 원수가 되리라며 좋아하리라는 말을 한다면,[195] 그런 기쁨이야말로 사악하기 이를 데 없고 가증스럽고 형언할 수 없이 모독적인 기쁨이 아닐 수 없다. 원수진 족속으로부터 아무 악과도 섞이기 전인데 어디서 이 엄청나고 사악한 악이 유래하였다는 말인가? 그러니까 최고악에 엄청난 선을 부여하고 하느님이라는 최고선에 엄청난 악을 부여할 만큼 그토록 일그러지고 그토록 불경스러운 광기를 참아 견딜 사람이 누구겠는가?[196]

하느님에 관해서 마니카이우스는 믿기지 않을 만큼 추루한 생각들을 해냈다

44. 그자들 말로는 하느님 본성의 그 부분이 하늘에서도 땅에서도 지하에서도, 건습乾濕을 막론하고 모든 물체 속에도 모든 육체 속에도 나무와 풀과 사람과 동물의 모든 씨앗 속에도 혼합되어 있다. (우리가 말하듯이) 그것들과 아무런 결속을 지니지 않은 채, 오염되지 않은 채[197] 신성神性의 권능으로 (현존하는 것이) 아니다.[198] 우리가 하느님을 두고 말하는 바는, [신성의 권능이] 부패하지 않으면서 모든 사물들을 관리하고 지배하면서 현존現存한다. 그런데 (그자들 말대로는 이 권능이) 얽매이고 억눌리고 오염되

---

[197] 사본에 따라서는 inviolabiliter(침범당하지 않고)라는 어휘가 첨가되어 있다.

[198] 마니교는 신성이 만유와 물체 속에 '혼합'(commixtio)되어 있다고, 아우구스티누스는 신성이 창조주요 제일원인으로서 피조물 속에 '편재'(immanentia)한다고 주장한다.

incoinquinabiliter. Incorruptibiliter omnibus rebus administrandis regendisque praesentem, quod nos de deo dicimus. Sed ligatam, obpressam, pollutam, quam solui, liberari purgarique dicunt, non solum per discursum solis et lunae et uirtutes lucis, uerum etiam per electos suos: hoc genus nefandissimi erroris quam sacrilegas et incredibiles turpitudines eis suadeat, etiamsi non persuadeat, horribile est dicere. Dicunt enim uirtutes lucis transfigurari in masculos pulchros et obponi feminis gentis tenebrarum, et easdem rursus uirtutes lucis transfigurari in feminas pulchras et obponi masculis gentis tenebrarum, ut per pulchritudinem suam inflamment spurcissimam libidinem principum tenebrarum et eo modo uitalis substantia, hoc est dei natura, quam dicunt in eorum corporibus ligatam teneri, ex eorum membris per illam concupiscentiam relaxatis soluta fugiat et suscepta uel purgata liberetur. Hoc infelices legunt, hoc dicunt, hoc audiunt, hoc credunt, hoc in libro septimo Thesauri eorum – sic enim appellant scripturam quandam Manichaei, ubi istae blasphemiae conscriptae sunt – ita positum est: tunc beatus ille

---

[199] 마니교 교리에 따르면 빛의 아버지가 중간대에는 인간에게 구원의 진리를 알려 주는 '광채의 예수'(Iesus splendor)로나 물질세계에 자신을 내주는 '수난의 예수'(Iesus patibilis)로 현신한다.

[200] 하느님의 탈주(脫走)한 부분(pars fugitiva)이 정화되게 하려고 위대한 영이 '선한 불'에서 해를, '선한 물'에서 달을 빚어내 정화되고 해방된 빛의 편린(片鱗)들을 지복의 나라로 실어 가는 것으로 묘사된다.

[201] 빛의 편린들이 식물 속에 흩어져 있으므로 마니교의 '간선자'(electi)들에게 먹힘으로써 그의 위장에서 빛으로 해방된다고 한다. 간선자들은 사후에 즉시 육체에서 해방되어 윤회를 벗어난다.

어 있어 거기서 풀려나고 해방되고 정화되어야 하고,[199] 그 일은 해와 달의 운행을 통해서나[200] 빛의 능력에 의해서만 아니고 자기네 간선자揀選者들을 통해서도 이루어져야 한단다.[201] 이런 종류의 터무니없는 오류가 저자들에게 모독적이고 도대체 믿기지 않는 추태를 심어 주고 있을 텐데, 비록 철저히 설득시키지는 못할지언정 이런 말을 꺼내는 일 자체가 나로서도 가증스럽다. 왜냐하면 저 사람들이 이런 말을 하기 때문이다. 곧 빛의 능력들이[202] 아름다운 남성으로 변모하여 어둠의 족속의 여성들과 맞선다고 한다. 그런가 하면 빛의 똑같은 능력들이 아름다운 여성으로도 변모하여 어둠의 족속의 남성들과 맞선다는 말도 한다. 그래서 저 여성들이 자기네 미모로 어둠의 지배자들의 더러운 욕정을 불사른다는 것이다. 마찬가지로 저들의 말로는, 생명의 실체 곧 하느님의 본성 — 저것들의 물체에 얽매인 채 붙잡혀 있다고 하는 — 은, 저 지배자들의 지체가 정욕 발산으로 나른해진 틈을 타 거기서 풀려나 도망친다고, 그렇게 고양되거나 정화되면 거기서 해방된다고도 한다. 저 불쌍한 사람들이 이따위를 읽고 이따위를 말하고 이따위를 듣고 이따위를 믿고 이따위를 자기네『진보』珍寶 — 저런 설독褻瀆들이 적혀 있는 마니카이우스의 어떤 저술을 이렇게 부른다 — 라는 책자의 제7권에 이렇게 수록해 놓았다.[203] "그때에 복되신 저 위대한 아버지, 빛나는 선박들[204]▶을 위풍당당하게 당신 숙소이자 거처로 삼으시는 분께서, 당신에게 디

---

[202] virtutes lucis: 빛의 아버지는 어둠에 공략당하고 갇힌 빛을 해방하기 위하여 '세 번째 사절'(tertius legatus), '성령'(spiritus sanctus), '원시 인간'(homo primordialis), 그 밖에 '열두 처녀' 같은 '능력'들로 현신하거나 발생시켜 그러한 과업을 맡긴다는 설명이 나온다.

[203] 『진보』(珍寶, Thesaurus: 『생명의 보물』, 『산 이들의 보물』이라고도 전해져 온다) 제7권의 인용인데 아우구스티누스의 제자 에보디우스(교부의 두 저서『영혼의 위대함』, 『자유의지론』에 대화자로 등장하며 아우구스티누스와 비슷한 시기에 히포 가까운 우짤라의 주교가 된다)의 저서(De fide 14-16)에도 인용되고 있어 마니교도들에게 당시 읽히던 경전이었음이 확인된다. 이하는 그 경전의 직접 인용이 길게 실려 있다.

pater, qui lucidas naues habet diuersoria et habitacula secundum magnitudines, pro insita sibi clementia fert opem, qua exuitur et liberatur ab inpiis retinaculis et angustiis atque angoribus suae uitalis substantiae. Itaque inuisibili suo nutu illas suas uirtutes, quae in clarissima hac naui habentur, transfigurat easque parere facit aduersis potestatibus, quae in singulis caelorum tractibus ordinatae sunt. Quae quoniam ex utroque sexu masculorum ac feminarum consistunt, ideo praedictas uirtutes partim specie puerorum inuestium parere iubet generi aduerso feminarum, partim uirginum lucidarum forma generi contrario masculorum, sciens eas omnes hostiles potestates propter ingenitam sibi letalem et spurcissimam concupiscentiam facillime capi atque isdem speciebus pulcherrimis, quae adparent, mancipari hocque modo dissolui. Sciatis autem hunc eundem nostrum beatum patrem hoc idem esse, quod etiam suae uirtutes, quas ob necessariam causam transformat in puerorum et uirginum intemeratam similitudinem. Utitur autem his tamquam propriis armis atque per eas suam conplet uoluntatem. Harum uero uirtutum diuinarum, quae ad instar coniugii contra inferna genera statuuntur quaeque alacritate ac facilitate id, quod cogitauerint, mo-

◂204 마니교도들에게 신처럼 숭상받던 해와 달(앞의 각주 198 참조)을 가리킨다.

205 생명의 실체(vitalis substantia)라는 분이 어둠의 세력으로부터 침범당하고 거기서 탈출해야 하는 모순을 교부는 거듭 조롱한다.

206 이하에 '천계의 능력'(virtutes caelorum), '지존한 능력'(virtus altissima) 혹은 '신성한 위격들'(divinae personae)로 불리는 선의 세력과 '어둠의 세력'(potestates tenebrarum) 혹은 '어둠의 족속의 지배자'(principes gentis tenebrarum)로 불리는 두 세력 간에 벌어지는, 거의 관능적인 투쟁이 묘사된다.

고난 어지심을 발휘하여, 당신 생명 실체에 닥친 불손한 결박과 곤경과 근심으로부터 벗어나고 풀려나고자 손을 쓰신다.²⁰⁵ 그리하여 보이지 않는 당신의 지시를 내려 당신의 저 능력들, 저 환하게 빛나는 선박에 갖추어져 있는 능력들을 변모시켜서 적대하는 세력들에게 나타나게 하신다. 저 세력들은 천계天界의 궤도 각각에 배치되어 있었다. 저 세력들은 남녀 양성으로 구성되어 있으므로 그분께서는 방금 말한 능력들을²⁰⁶ 일부는 소년들의 형상을 갖추고서 여성들로 이루어진 적의 무리에게 나타나도록 명령하시고, 일부는 빛나는 처녀들의 형상으로 남성들로 이루어진 적의 무리에게 나타나도록 명령하신다. 그분께서는 저 모든 적대 세력들이 타고난 정욕 때문에, 자기들한테는 치명적이고 음탕하기 이를 데 없는 정욕에 아주 쉽게 사로잡히는 것을 아시고, 자기 앞에 나타나는 매우 아름다운 저런 형상들에 장악되고 그렇게 해서 무너진다는 사실을 아시는 까닭이다. 이 복되신 우리 아버지께서는 당신의 능력들과 동일한 분이시기도 함을 그대들은 알아두시라.²⁰⁷ 그리고 필요한 이유에서 그 능력들을 소년들과 처녀들의 무구한 모습으로 변모시키신다. 그 능력들을 당신의 무기처럼 이용하시고 그들을 시켜 뜻을 이루신다. 저 빛나는 선박들은 이 신성한 능력들로 가득하다. 이 능력들이 지옥의 족속들을 상대로 마치 부부 관계처럼 정해지고, 생각으로 품고 있던 바를 유쾌하게 또 용이하게 순간적으로 수행해 낸다. 이 능력들이 남성들에게 마주하는 성스러운 덕성으로 나타나야 할 만한 이치가 있을 경우에는 당장 아주 아리따운 처녀들의 형상을 외관으로 내세워 나타난다. 그 대신 여성들에게 갈 때에는 처녀들의 형상을 뒤로 감추고 복장이 소년

---

²⁰⁷ 마니교가 거듭 강조하는 바가 하느님인 '빛의 아버지'와 이 싸움에 등장하는 모든 능력들(virtutes)이 동일한 실체의 존재들이며 그 아버지의 현신들이라는 점이다.

선의 본성 125

mento eodem efficiunt, plenae sunt lucidae naues. Itaque cum ratio poposcerit, ut masculis adpareant eaedem sanctae uirtutes, illico etiam suam effigiem uirginum pulcherrimarum habitu demonstrant. Rursus, cum ad feminas uentum fuerit, postponentes species uirginum puerorum inuestium speciem ostendunt. Hoc autem uisu decoro illarum ardor et concupiscentia crescit atque hoc modo uinculum pessimarum cogitationum earum soluitur uiuaque anima, quae eorumdem membris tenebatur, hac occasione laxata euadit et suo purissimo aeri miscetur, ubi penitus ablutae animae ascendunt ad lucidas naues, quae sibi ad uectationem atque ad suae patriae transfretationem sunt praeparatae. Id uero, quod adhuc aduersi generis maculas portat, per aestus atque calores particulatim descendit atque arboribus ceterisque plantationibus ac satis omnibus miscetur et coloribus diuersis inficitur. Et quo pacto ex ista magna et clarissima naui figurae puerorum et uirginum adparent contrariis potestatibus, quae in caelis degunt quaeque igneam habent naturam, atque ex isto aspectu decoro uitae pars, quae in earundem membris habetur, laxata deducitur per calores in terram: eodem modo etiam illa altissima uirtus, quae in naui uitalium aquarum habitat, in similitudine puerorum ac uirginum sanctarum per suos angelos

---

[208] 마니교 문헌에서는 '불의 기둥' 혹은 '은하수'로도 지칭된다.
[209] 사본에 따라서는 '색깔'(coloribus) 아닌 '열기'(caloribus)라고 나온다.
[210] 미녀와 미소년으로 현신하는 천상 능력들을 보고 흥분한 악령들에게서 마치 사정(射精)하듯이 풀려나온 빛의 씨앗들은 식물로 하강하거나 인간, 네발짐승, 새, 물고기, 파충류로 태어난다. 곤충들은 그런 씨앗에서 자생적으로 발생한다.

들인 형상을 내보여 준다. 이런 멋진 자태를 보고서 저 여성들의 흥분과 정욕이 고조되고, 이런 방식으로 그자들의 아주 나쁜 그 흑심의 사슬이 풀려 버리고, 그자들의 지체 속에 붙잡혀 있던 산 영혼이 그런 기회를 틈타서 풀려나 도망치고, 원래의 순수하기 이를 데 없는 대기大氣[208]에 섞여 든다. 거기서 온전히 정화된 영혼들은 빛나는 선박으로 오르며, 그 선박들은 영혼들의 항해를 위해, 자기네 본향本鄕으로 실어 갈 만반의 준비가 되어 있다. 그 대신 원수진 족속의 오점들을 아직도 간직하고 있는 존재는 격정과 열기로 인해서 조각조각 하강하며 나무나 그 밖에 다른 식물이나 거의 모든 것과 혼합되고 각기 상이한 색깔로[209] 물든다.[210] 또 그러한 방식으로 저 거대하고 무척 밝은 선박으로부터, 천계에서 행세하고 있고 또 어느 것이든 불의 본성을 지니고 있는 적대 세력들에게도[211] 소년들과 처녀들의 모습이 발현한다. 천계에 머무는 그 세력들이 불의 본성을 지니고 있는 것들은 저 아리따운 모습을 바라보자마자 자기네 지체 속에 지니고 있는 생명의 편린이 풀려나서 열기熱氣를 통해 땅으로 이끌려 온다. 같은 식으로 저 지존한 능력,[212] 생명의 물의 선박[213]에 머물러 있는 능력은, 소년들과 거룩한 처녀들과 비슷한 모습을 띤 채 저 세력들 앞에 발현한다. 냉冷하고 습濕한 본성을 띠고서 천계에 정렬해 있는 세력들 말이다. 지존한 능력은 자기 천사들을 통해서 발현하는데 여성인 세력들 앞에는 소년들의 형상으로 나타나고

---

[211] 태양은 열기를 가진 악령들에게서 빛을 탈환하고, 달은 냉기를 가진 악령들에게서 빛을 탈환한다는 설명도 있다. 어둠의 악령과 물체에서 해방된 빛의 편린들이 '순수한 대기'를 거쳐 정화되어 '달'에 오르고 거기서 완전해져 '해'에 오른다는 설명도 있다.

[212] 반복이지만, 빛의 아버지는 세 번째 현신인 '지존한 능력'(virtus altissima)을 파견하여 어둠의 세력에게 흡수된 신성한 부분들을 해방시키려고 하는데, 이 능력은 남녀 양성(男女兩性)을 띠고 변신하면서 어둠의 세력들과 다툼을 하여 해방된 부분들을 해와 달의 선박에 태워 돌아온다.

[213] 달을 가리킨다(앞의 각주 198 참조).

adparet his potestatibus, quarum natura frigida atque humida, quaeque in caelis ordinatae sunt. Et quidem his, quae feminae sunt, in ipsis forma puerorum adparet, masculis uero uirginum. Hac uero mutatione et diuersitate diuinarum personarum ac pulcherrimarum humidae frigidaeque stirpis principes masculi siue feminae soluuntur atque id, quod in ipsis est uitale, fugit; quod uero resederit, laxatum deducitur in terram per frigora et cunctis terrae generibus admiscetur. Quis hoc ferat? Quis hoc credat, non dico, ita esse, sed uel dici potuisse? Ecce qui docentem timent anathemare Manichaeum et non timent credere haec facientem, haec patientem deum!

45. Per electos autem suos purgari dicunt eandem ipsam commixtam partem ac naturam dei manducando scilicet et bibendo, quia eam in alimentis omnibus dicunt ligatam teneri: quae cum ab electis uelut sanctis in refectionem corporis manducando et bibendo adsumuntur, per eorum sanctitatem solui, signari et liberari. Nec

---

[214] divinae personae: 그리스도교 삼위일체와 흡사하게 한 분 하느님의 '전능하신 아버지'와 '그의 아드님 그리스도'와 '거룩한 영'을 말하기도 하고, 네 '지존'(magnitudines)으로 등장하는 '빛의 아버지', '그분의 빛', '그분의 능력', '그분의 지혜'를 가리키기도 하고, 하느님의 여러 현신들(각주 200 참조)을 지칭하기도 한다.

[215] 어둠의 구체에 갇힌 빛의 편린들을 해방시키는 일이 우주적 차원에서는 신성한 능력들(virtutes divinae)에 의해서 이루어지는데 인간 세상에서는 간선자 성도들(electi sancti)의 몫으로 돌아온다. 인간(Adam)이란 어둠의 지배자들에게 유산(流産)되어 창공에서 지상에 떨어진 남녀 악령들이 낳은 자식에 불과한데 그런 피조물들에게 빛의 해방이 맡겨지다니 지나치지 않느냐는 비아냥이다.

남성인 세력들 앞에는 처녀들의 형상으로 나타난다. 신성하고 지극히 아름다운 위격들²¹⁴의 이 같은 변모와 다양함으로 인해서 습하고 냉한 족속의 지배자들은 남성이나 여성을 막론하고 모두 녹아 버리고, 그들 속에 있는 생명의 요소는 달아나 버린다. 그러고도 남아 있는 것은 풀어진 채 그 냉기冷氣 때문에 땅으로 이끌려 오고, 땅의 모든 종자들과 혼합될 것이다." 이런 말을 누가 듣고 있겠는가? 누가 이런 것을 믿겠는가? 실제로 그렇다고 해서 하는 말이 아니고 과연 그런 소리를 할 수 있느냐는 얘기다. 보시라, 저들은 이따위를 가르치는데도 마니카이우스를 단죄하는 데는 겁을 먹으면서도, 하느님이 이런 짓들을 하신다고 믿거나 하느님이 이런 짓들을 당하신다고 믿으면서도 두려워하지 않는 사람들이다!

마니교도들을 두고 들려오는 가증할 추태들도 근거 없이 생겨난 것은 아니다

45. 그들이 하는 말로는, 저렇게 혼합된 부분, 곧 하느님의 본성이 자기네 간선자들을 통해서, 곧 간선자들이 먹고 마심으로써 정화된다고 한다.²¹⁵ 그들의 말대로는 그 본성이 모든 식품 속에 붙들려 있기 때문이다. 그런 식품이 성도聖徒인 간선자들에 의해서 신체의 음식으로 먹히고 마셔져 섭취될 때 바로 그 사람들의 성덕聖德을 통해서²¹⁶ 풀리고 날인되고 해방된다는 것이다.²¹⁷ 가련한 인생들이 다음 사실을 유념하지 못한다. 자기네가 저런 책자들을 배척하지 않는 한, 마니교도이기를 그만두지 않는 한, 저

---

²¹⁶ 간선자들은 결혼, 사회 활동과 노동을 삼가고 금욕과 채식으로 살았으므로 그 성덕이 마니교도들에게 공인되었다. 아우구스티누스도 간선자의 대열에 들도록 여러 번 권유받았으나(『고백록』 3,10,18-12,21 참조) 금욕에 자신이 없어 거절하곤 하였다.

²¹⁷ solvi(어둠의 구체 혹은 정령들의 지체에서 풀려나고), signari(빛의 편린이라는 인장이 찍히며), liberari(어둠의 세계로부터 속량된다) 등은 마니교 경전들에 빈번히 쓰이는 어휘들이다.

adtendunt miseri, quam non incongrue de illis creditum sit, quod frustra negant, nisi eosdem libros anathemauerint et Manichaei esse destiterint. Si enim, sicut dicunt, in omnibus seminibus est ligata pars dei et ab electis manducando purgatur: quis non digne credat eos facere, quod inter uirtutes caelorum et principes tenebrarum fieri in Thesauro suo legunt, quandoquidem et carnes suas de gente tenebrarum esse dicunt et in eis ligatam teneri uitalem illam substantiam, partem dei, credere atque affirmare non dubitant? Quae utique si soluenda est et manducando purganda. Sicut eos fateri cogit funestus error ipsorum, quis non uideat, quis non exhorreat, quanta turpitudo et quam nefaria consequatur?

46. Nam et a quibusdam principibus gentis tenebrarum sic dicunt Adam primum hominem creatum, ut lumen ab eis ne fugeret teneretur. In epistula enim, quam Fundamenti appellant, quomodo prin-

---

[218] 교부는 본서나 다른 논쟁서에서 마니교의 교리가 가지는 논리적 모순을 사변적으로 다루면서 독자들로서는 마니의 경전들을 배척하거나 그 교리에서 요구하는 황당한 행습을 그냥 따르거나 둘 중 하나를 실행하라고 추궁한다.

[219] 곡식과 과일과 밝은 채소에 들어 있는 빛이 간선자들의 호흡이나 소화를 통해서 해방된다면서도 혼백이 떠나면서 남는 것은 물체인 살덩어리라며 간선자들에게 육식을 일체 금지시켰다.

[220] 간선자들이 저 '신성한 능력들'의 과업을 수행한다면, 미녀나 미동으로 행세하거나 상대하는 일(각주 204 참조)도 할 만하지 않느냐는 반문이다. 실제로 아우구스티누스의 마니교 논쟁서에서는 '간선자'들의 이중생활이나 비행을 듣거나 목격한 사례를 간간이 거론한다.

런 소리를 믿어야 한다는 것도 일리가 없지 않고 저런 황당한 말을 부인한 댔자 헛일이라는 것이다.[218] 저자들이 하는 말처럼 모든 씨앗에 하느님의 일부가 묶여 있다고 치자.[219] 그리고 간선자들이 그것을 먹어 줌으로써 거기 묶인 하느님의 일부가 정화된다고 하자. 그렇다면 자기네 『진보珍寶』에서 읽히는 글처럼, 천계의 능력들과 어둠의 지배자들 사이에서 일어나는 일을 저 간선자들이 수행한다고 믿더라도 품위에 어긋나지 않을 것이 아닌가?[220] 심지어 자기네 육체는 어둠의 족속으로부터 존재한다고 말하는 터에,[221] 또 저 생명의 실체 곧 하느님의 부분이 그 육체 속에 묶여 있다고 믿고 또 그렇게 주장하기를 서슴지 않는 터에 더욱 그렇지 않은가?[222] 저 실체가 풀려나야 한다면, 간선자들에게 먹힘으로써 정화되어야 한다면 더 그렇다. 저자들의 불길한 오류가 저 사람들더러 이런 것을 고백하라고 강요하는 이상, 곧 그런 믿음에서 얼마나 치욕적이고 얼마나 가증스러운 말들이 뒤따라올지를 두고 누가 몸을 떨지 않겠는가?

『기조 서간』에 담긴 불측한 교설

46. 어둠의 족속의 어느 지배자들에 의해서 첫 인간 아담이 창조되었다는 말을 하고, 그것도 빛이 어둠에서 도망하지 않고 붙들려 있게 할 목적으로 창조되었다고 한다. 그늘이 『기소 서간』이라고 일컫는 편지에서는[223] 어둠의 지배자가 첫 인간의 아버지라고 소개하면서 그 지배자가 자기 동료들

---

[221] 아래 46절 첫머리 참조.

[222] 모든 육체는 어둠의 족속에서 유래하고 간선자가 채소 등을 먹어 그 물체에서 빛을 해방시킨다면, 짐승들의 씨앗(남자의 정자)에서 빛을 해방시키는 활동(성행위와 자녀 생산)은 왜 금하느냐는 반문이다.

[223] 앞의 각주 170 참조.

ceps tenebrarum, quem patrem primi hominis inducunt, ad ceteros socios suos tenebrarum principes locutus fuerit et egerit, ita scripsit Manichaeus: iniquis igitur commentis ad eos, qui aderant, ait: quid uobis uidetur maximum hoc lumen, quod oritur? Intuemini, quemadmodum polum mouet, concutit plurimas potestates. Quapropter mihi uos potius aequum est id, quod in uestris uiribus habetis, luminis praerogare: sic quippe illius magni, qui gloriosus adparuit, imaginem fingam, per quam regnare poterimus, tenebrarum aliquando conuersatione liberati. Haec audientes ac diu secum deliberantes iustissimum putauerunt id quod postulabantur praebere. Nec enim fidebant se idem lumen iugiter retenturos: unde melius rati sunt principi suo offerre, nequaquam desperantes eodem se pacto regnaturos. Quo igitur modo lumen idem, quod habebant, praebuerint, considerandum est. Nam hoc etiam omnibus diuinis scripturis arcanisque caelestibus aspersum est; sapientibus uero quomodo sit datum scire minime est difficile; nam coram aperteque cognoscitur ab eo, qui uere ac fideliter intueri uoluerit. Quoniam eorum, qui conuenerant, frequentia promiscua erat, feminarum scilicet ac masculorum, inpulit eos, ut inter se coirent. In quo coitu alii seminarunt, aliae grauidae effectae sunt. Erant autem partus his, qui ge-

---

[224] '빛의 능력들'이 '어둠의 지배자들'한테서 앗아 가는 빛살을 어떻게든 간수할 목적에서 어둠의 악령 둘이 '밝은 배'(태양)에 타고 있는 빛의 '세 번째 사절'을 눈여겨보고서 그 사절과 비슷하게 사람(Adam)을 낳고 이어서 달에 거주하는 '빛의 처녀'를 닮게 여자(Hawwa)를 낳았다고 경전에 기록되어 있다. 악의 원리(Az 혹은 Ahriman)가 인간을 직접 창조하거나 그에게서 유출하였다는 기록도 있다.

인 어둠의 지배자들에게 어떤 말을 하고 어떻게 행동하는지를 마니카이우스가 이렇게 기록하였다고 전한다. "그 자리에 있는 자들에게 사악한 생각을 짜내어 말하였다. '솟아오르는 이 거대한 광체가 그대들에게는 무엇으로 보이는가? 천공을 어떻게 흔들며 얼마나 많은 세력들을 뒤흔드는지 눈여겨들 보라!²²⁴ 그러니 그대들은 그대들의 힘 속에 지니고 있는 저 광명의 편린을 나에게 위임하는 편이 더 온당하리라. 그러면 그것으로 나는 저 영광스럽게 나타난 위대한 광명의 모상模像을 빚어내겠다. 그 모상을 통해서 우리는 어느 정도 어둠의 체재滯在에서 벗어나 통치할 수 있으리라.' 이 말을 듣고 저 지배자들은 오랫동안 서로 의논하고 나서 자기들한테 요구한 바를 내어 줌이 아주 합당하다고 여겼다. 그 광명을 자기들이 영구히 붙잡아 둘 자신이 없었던 것이다. 그래서 자기네 지배자에게 바치는 편이 더 낫다고 여겼다. 그렇게 해야만 자기들이 지금 식으로 통치하게 되리라는 데에 조금도 희망을 잃지 않았다. 그렇게 그들이 지니고 있던 저 광명을 어떤 방법으로 기증하였는지 살펴보아야 한다. 왜냐하면 이 일은 성스러운 모든 경전과 천상 비사秘事에 흩어져 있기 때문이다. 이것이 어떻게 주어졌는지 알기는 현자들에게는 조금도 어렵지 않다. 진정으로 또 진지하게 통찰을 하고 싶은 사람에게는 즉시 또 분명하게 인식되는 까닭이다. 한데 모이는 자들의 잦은 회합은 여성들과 남성들의 혼합이었는데 그렇게 해서 그들이 서로 교합交合하게 충동하였다. 그 교합에서 남성들은 사정射精을 하였고 여성들은 회태懷胎가 이루어졌다. 태어난 소생들은 낳아 준 자들과 비슷하게 생겼으며, 첫 소생들답게 부모의 많은 위력을 갖추고 있었다.²²⁵ 그들

---

²²⁵ 짐승의 첫배는 다른 것들보다 튼튼하다는 믿음에다 아담은 첫배여서 하와보다 빛을 더 많이 갖추고 있었던 것으로 묘사된다.

선의 본성 133

nuerant, similes uires plurimas parentum uti primi obtinentes. Haec sumens eorum princeps uti praecipuum donum gauisus est. Et sicuti etiam nunc fieri uidemus corporum formatricem naturam mali inde uires sumentem figurare, ita etiam ante dictus princeps sodalium prolem accipiens habentem parentum sensus, prudentiam, lucem simul secum in generatione procreatam comedit; ac plerisque uiribus sumptis ex istiusmodi esca, in qua non modo inerat fortitudo, sed multo magis astutiae et praui sensus ex fera genitorum gente, propriam ad se coniugem euocauit ex ea, qua ipse erat, stirpe manantem; et facto cum ea coitu seminauit ut ceteri abundantiam malorum, quae deuorauerat, nonnihil etiam ipse adiciens ex sua cogitatione ac uirtute, ut esset sensus eius omnium eorum, quae profuderat formator atque descriptor; cuius compar excipiebat haec, ut semen consueuit culta optime terra percipere. In eadem enim construebantur et contexebantur omnium imagines caelestium ac terrenarum uirtutum, ut pleni uidelicet orbis, id quod formabatur, similitudinem obtineret.

---

[226] corporum formatrix natura mali: 마니교 이원론으로는 육체는 악의 원리인 질료 — 경전에서는 '악령들의 모친'이라고도 불린다 — 에서 유래한다. 아우구스티누스는 앞(18절)에서도 "저 질료라는 것, 옛사람들이 hyle라고 부르던 그것도 악이라고 말하면 안 된다. 마니카이우스가 물체들의 형성자라고 일컬은 그 hyle …"라고 언명한 바 있다.

[227] 마니교 경전에 의하면 어둠의 지배자가 여러 남녀 정령들에게 명해서 서로 교합하여 자식을 낳게 하고 그것들을 잡아먹음으로써 그것들 속에 들어 있는 빛의 편린들을 섭취해서 그 편린들을 한데 모아 아담을 낳았고, 그렇게 출현한 남녀 인간이 자식을 연이어 낳음으로써 빛과도 닮은, 빛과 어둠 — 영혼과 육체 — 의 혼합체가 존속하게 되었다.

의 지배자는 이것을 받아 안으면서 대단한 선물처럼 기뻐하였다. 그러니까 우리가 보아 알듯이, 신체들을 빚은 자는 악의 자연 본성이고[226] 거기서부터 힘을 취하여 신체들을 빚어내는 것으로 형용되고 있다. 그래서 위에 말한 지배자는 동료들의 자식을 받아서 — 그 자식은 부모의 감관과 현명과 빛을 아울러 갖추고 있고 이것들은 출생에서 한데 만들어졌다 — 잡아먹는다.[227] 그 음식에는 용맹만 아니고, 부모들의 사나운 족속에서 받은 교활함과 사악한 감각도 깃들어 있었는데, 그런 종류의 음식에서 엄청난 힘들을 취하고서 그 지배자는 자기 본 배우자를 자기한테 불러들였다. 그 배우자는 자기가 나온 같은 족속에서 나왔다.[228] 여타의 지배자들이 하듯이 그 배우자와 교합을 가져 자기가 잡아 삼킨 엄청난 악을 씨 뿌렸다. 더구나 거기에다 자기 생각과 힘에서 나온 여러 가지를 보태어, 자기가 주조자鑄造者요 설계자設計者답게 주조해 넣는 모든 것에 대한 그의 감각이 거기 존재하게 하였다. 그의 배우자는 이것을 모두 받아들이곤 하였는데 마치 최선으로 가꿔진 땅이 씨앗을 받아들이듯이 하였다. 이렇게 그 배우자 속에서 만유의 모상들, 천상과 지상의 모든 능력들의 모상들이 다듬어지고 엮이게 되었다.[229] 다시 말해서 거기서 빚어지던 바는 온 세상과 비슷한 유사성[230]을 지니기에 이르렀다."

---

[228] 인간을 낳은 이 두 악령 — 이름이 Ashqlun과 Namrael — 은 '연기의 지배자'(principes fumi)로 알려져 있다.

[229] 두 악령은 인간을 출산한 다음에도 창조주(formator et descriptor)처럼 지상의 모든 동식물을 낳았고 그것들은 모두 태양과 달에서 내리는 빛의 편린을 어떻게든 간직함으로써, 모든 빛을 해방시키려던 '빛의 아버지'의 구원 계획을 미완성에 그치게 만든 것처럼 묘사된다.

[230] omnium *imagines* virtutum ... pleni orbis *similitudo*: 마니는 구약 창세기 1,26의 "우리와 비슷하게 우리 모습으로 사람을 만들자"(Faciamus hominem *ad imaginem et similitudinem nostram*)는 어법을 모방하여 '모상'(imago)과 '유사성'(similitudo) 두 어휘를 일부러 구사한 듯하다.

47. O scelestum monstrum! o execranda perditio et labes deceptarum animarum! Omitto, quid sit de natura dei, quod sic ligetur, haec dicere. Hoc saltem adtendant miseri decepti et errore mortifero uenenati, quia si per coitum masculorum et feminarum ligatur pars dei, quam se manducando soluere et purgare profitentur, cogit eos huius tam nefandi erroris necessitas, ut non solum de pane et holeribus et pomis, quae sola uidentur in manifesto accipere, sed inde etiam soluant et purgent partem dei, unde per concubitum potest, si feminae utero concepta fuerit, conligari. Hoc se facere quidam confessi esse in publico iudicio perhibentur non tantum in Paphlagonia, sed etiam in Gallia, sicut a quodam Romae christiano catholico audiui; et cum interrogarentur, cuius auctoritate scripturae ista facerent, hoc de Thesauro suo prodidisse, quod paulo ante commemoraui. Isti autem cum hoc eis obicitur, solent respondere

---

[231] 마니교도들이 받아들이지 못하는, '말씀의 육화' 교리를 가리킨다. 불변하고 영적인 하느님의 자연 본성이 한 여자의 자궁에 깃드는 일이 불가하다는 이유로 육화 교리를 배척하면서, 사람만 아니고 모든 생명체의 회태와 수정에서 빛 — 하느님의 편린 — 이 물체 속에 갇히지만, 남자가 여자의 자궁에 사정하는 정자가 빛의 편린이라는 가르침은 어폐가 있다는 지적이다.

[232] 앞의 각주 225 및 227 참조. 마니교 '간선자'(electus)는 결혼과 성교를 금지당했으며, 신입 신도인 '경청자'(auditor)에게는 결혼이 허용되지만 가급적 임신을 피하도록 권유받은 까닭은, 성적 교합과 임신으로 사람에게 이미 깃들어 있는 빛의 편린들이 방출되어 태아에 갇히게 된다는 이유였다.

[233] 포시디우스 『아우구스티누스의 생애』(이연학 · 최원오 역주, 분도출판사 2008) 16,1-2: "''뽑힌 남녀'라 불리던 몇몇 마니교도를 체포하여 … 심문한 일이 있었다. … 고약한 풍습에 따라 그들이 통상 범하던 부끄럽고 추잡스런 일들도 이른바 뽑힌 여자들의 실토로 교회 공식 기록에 잘 드러나 있다."

마니교는 황당한 추행을 강요한다

47. 오, 흉측한 괴기여! 오, 기만당한 영혼들의 가공할 파멸이자 추락이여! 이렇게 엮이면 이런 얘기들이 하느님의 본성과 어떻게 연관되는지에[231] 대해서는 차마 그만두겠다. 가련하게 기만당하고 이 치명적 오류에 중독된 자들이 적어도 이 한 가지만은 유념했으면 좋겠다. 만에 하나라도 남성들과 여성들의 교합을 통해서 하느님의 편린이 그 속에 얽매인다면,[232] 그래서 간선자들이 그 편린을 먹어 줌으로써 그 편린을 풀어내고 정화한다는 것을 신앙으로 고백한다면, 이 가증스러운 오류는 그들이 먹는 것으로 공공연히 드러내는 빵이며 기름이며 과일뿐만 아니고, 교합을 통해서 여성의 자궁에 무엇이 착상되었다면 거기서도 하느님의 편린을 풀어내고 정화해야 마땅하다는 결론에 필연적으로 이른다. 어떤 사람들이 공식 재판에서 자기네가 이런 행사를 거행하노라고 자백하였는데,[233] 그것도 여기 로마에서 어떤 가톨릭 그리스도 신자에게서 내가 들은 것처럼, 파플라고니아[234]에서만 아니고 갈리아에서도 일어났다. 그리고 경전의 권위로 따져서 어느 책에 근거해서 그런 짓을 시행하느냐는 문초를 받으면, 내가 조금 전에 언급한 대로, 자기네『진보』珍寶에 근거한다고 답변한다. 이 경전의 가르침이 그런 행사를 배척한다는 말을 할라치면[235] 그들이 으레 하는 대답은, 자기네 무리 중에서, 다시 말해서 간선자들 가운데 누군지 모르지만 어떤 원수가 이탈해 나갔고 분파를 만들었으며 이런 식의 추잡하기 이를 데 없는 이

---

[234] Paphlagonia: 로마제국에서 흑해에 가까운 속주 Bithynia와 Pontus 사이의 로마 속주로 마니교가 소아시아로 확산되고 있었음을 증언하는 언급인데 구체적 내용은 알려져 있지 않다.

[235] 포시디우스『아우구스티누스의 생애』16,2: "아우구스티누스께서는 저 혐오스런 이단을 누구보다 더 잘 알고 계셨다. 그래서 마니교가 사용하는 경전 군데군데를 인용하여 단죄받아 마땅할 그들의 독성을 부각시키면서 그들이 자신의 독성죄를 고백하도록 이끄셨다."

nescio quem inimicum suum de numero suo, hoc est electorum suorum desciuisse et schisma fecisse atque huiusmodi spurcissimam haeresim condidisse. Unde manifestum est, quia hoc etiam si isti non faciunt, de ipsorum libris hoc faciunt, quicumque faciunt. Abiciant ergo libros, si crimen exhorrent, quod committere coguntur, si libros tenent; aut si non committunt, mundius uiuere contra suos libros conantur. Sed quid agunt, cum eis dicitur: aut purgate lumen de quibus potueritis seminibus, ut nec illud recusetis, quod uos non facere adseritis, aut Manichaeum anathemate, qui, cum dicit in omnibus seminibus esse partem dei et concumbendo ligari, quicquid autem luminis. Hoc est eiusdem partis dei ad escas electorum peruenerit, manducando purgari, quid uobis suadeat uidetis et eum adhuc anathemare dubitatis: quid agunt, inquam, cum hoc eis dicitur? Ad quas tergiuersationes se conuertunt, cum aut tam nefaria doctrina sit anathemanda aut tam nefaria turpitudo facienda, in cuius comparatione iam illa omnia mala, quae intolerabilia paulo ante commemorabam, eos de natura dei dicere, quod necessitate obpressa sit, ut bellum gereret, quod aut sempiterna ignorantia secura

---

[236] 논리적으로 모순된 교리를 고수하다 보면 상식인들의 눈에 우스꽝스럽고 의심받을 행습도 따르게 되지 않느냐는 반문이다.

단을 창설하였다는 것이다. 그러니까 만일 저 사람들이 이런 행사를 거행하지 않는다고 하더라도, 누구든지 이런 행사를 거행하는 사람들은 자기네가 신봉하는 경전에 의거해서 시행하고 있음만은 분명해진다. 그러니 만일 그들이 경전을 신봉한다면, 가증스러운 범죄임에도 불구하고 그런 죄악을 범하게 강요하는 그런 경전은 배척해야 할 것이다. 만일 그런 범죄를 저지르지 않는다면, 그들은 자기네 경전들을 거슬러 가면서까지 보다 정결하게 살겠다고 애쓰는 셈이다.[236] 그러나 당신들이 할 수 있는 대로 모든 씨앗들로부터 광명을 정화하시라. 그래서 당신들이 행하지 않는다고 주장하는 바를 굳이 변명해 주는 일이 없게 하시라. 그렇지 않으면 마니카이우스를 배척하시라. 마니카이우스는 모든 씨앗에 하느님의 편린이 존재한다고 말하고, 남녀가 교합함으로써 그 편린이 얽매인다고 말하는 까닭이다.[237] 무엇이든지 광명으로부터 오는 것이라면, 곧 하느님의 편린에서 오는 것이라면 무엇이든지 간선자들의 음식에 도달할 테고 간선자들이 그것을 먹음으로써 정화된다는 것이 당신들의 얘기인 까닭이다. 그러니 마니카이우스가 당신들을 무슨 교설로 끌어들이려고 하는지 보고 알면서도 당신들은 아직 그를 배척하기를 주저하는가? 내 말하거니와 그들에게 이런 얘기가 나오면 그들은 무슨 수작을 부릴 것인가? 말하기도 가증스러운 교설이 배척당해야 마땅하거나, 그렇지 않으면 저토록 가증스러운 행사를 시행해야 마땅하거나 둘 중 하나인데 저 사람들은 과연 무슨 제3의 핑계를 댈 것인가? 저런 행사에 비한다면 내가 앞에서 열거해 온, 도저히 용납 못할 저 모든 짓거리가 오히려 용납할 만해 보일 것이다. 내가 열거한 것들이란 저 사람들이 하

---

[237] 마니교 '간선자'들은 음식을 내장으로 소화하여 거기 갇힌 '빛의 편린'을 해방시킨다고 하면서 '경청자'들은 아내의 몸에 열과 불의 상징인 정자를 사정함으로써 그만큼 '빛의 편린'을 아내의 몸에 잡아들인다는 가르침이 모순된다는 말이다.

erat aut sempiterno dolore et timore sollicita, quando sibi ueniret corruptio commixtionis et uinculum aeternae damnationis, quod denique gesto bello sic fuerit captiuata, obpressa, polluta, quod post falsam uictoriam sic futura sit in horribili globo in aeternum confixa et ab originis suae felicitate separata, tolerabilia uideantur, cum per se ipsa, si considerentur, sustineri non possint?

48. O magna patientia tua, domine misericors et miserator, longanimis et multum misericors et uerax, qui facis oriri solem tuum super bonos et malos, pluis super iustos et iniustos; qui non uis mortem peccatoris, quantum ut reuertatur et uiuat; qui partibus corripiens das locum paenitentiae, ut relicta malitia credant in te, domine; qui patientia tua ad paenitentiam adducis, quamuis multi secundum duritiam cordis sui et inpaenitens cor thesaurizent sibi iram in die

---

[238] 본서 제3부의 반박 요지는 마니교의 의심스러운 의식(44-47)보다는 선의 원리인 하느님에게 무지와 무능력, 추루한 계략과 투쟁 등의 악을 부여하는 마니교 설화의 맹점(41-43)이었다. "일부의 범죄행위를, 그대들의 계율을 준수하는 사람들에게 씌워서는 안 된다는 말에 수긍한다. 우리는 그대들의 종파를 추종하는 사람들이 어떤 사람이냐를 따지지 않고 그대들의 교리가 어떤 것이냐를 시비하는 중이다"(『마니교도의 관습』*De moribus Manichaeorum* 2,20,75).

[239] 시편 103,8 참조: "주님께서는 자비하시고 너그러우시며 분노에 더디시고 자애가 넘치신다." 이하도 교부의 암기에 따른 성경 인용이다.

[240] 마태 5,45 참조.

느님의 본성을 두고 하는 말들이다.[238] 하느님의 본성이 전쟁을 치르지 않으면 안 될 만큼 필연적인 억압을 받고 있다느니, 영원한 무지로 인해서 안심하고 있었다느니, 당신에게 부패의 혼합과 영원한 단죄의 사슬이 닥쳤을 때 고통과 두려움에 사로잡혔다느니, 전쟁을 치러 포로가 되고 억압당하고 오염될까 두려워했다느니, 한때 거짓 승리를 본 다음 가공할 구체에 영원히 붙박여 있거나 당신의 원천적 행복으로부터 소외당하지 않을까 두려워했다느니 하는 얘기들 말이다. 진지하게 고찰해 보면 그 자체로 하나도 지탱될 수 없는 말들이기 때문이다.

마니교도들의 개심을 위하여 기도하다

48. 오, 자비로우시고 불쌍히 여기시는 주님, 어지시고 크게 자애하시며 진실하신 이여, 당신의 인내는 참으로 크십니다.[239] 당신께서는 선인에게나 악인에게나 당신의 태양이 떠오르게 하시고 의로운 사람들에게나 불의한 사람들에게나 비를 내려 주십니다.[240] 당신께서는 죄인의 죽음을 원치 않으시고 돌아와 살기를 원하십니다.[241] 당신께서는 부분적으로 바로잡으시면서 참회의 여지를 주시어, 주님, 사악함을 버리고 당신을 믿게 만드십니다.[242] 비록 많은 이들이 자기 완고한 마음 때문에, 그리고 뉘우치지 않는 마음 때문에 분노의 그날에, 당신의 의로운 심판이 이루어지는 분노와 계시의 날에 스스로에게 분노를 쌓고 있음에도 불구하고, 당신께서는 당신의 인내를 가지고 회개에로 인도하십니다. 그날에는 각자에게 자기 행실대로

---

[241] 에제 33,11 참조: "나는 악인의 죽음을 기뻐하지 않는다. 오히려 악인이 자기 길을 버리고 돌아서서 사는 것을 기뻐한다."

[242] 지혜 12,2 참조: "주님, 당신께서는 탈선하는 자들을 조금씩 꾸짖으시고 그들이 무엇으로 죄를 지었는지 상기시키며 훈계하시어 그들이 악에서 벗어나 당신을 믿게 하십니다."

irae et reuelationis iusti iudicii tui; qui reddis unicuique secundum opera sua; qui in qua die conuersus fuerit homo a nequitia sua ad misericordiam et ueritatem tuam, omnes iniquitates eius obliuisceris: praesta nobis, da nobis, ut per nostrum ministerium, quo execrabilem et nimis horribilem hunc errorem redargui uoluisti, sicut iam multi liberati sunt, et alii liberentur et siue per sacramentum sancti baptismi tui siue per sacrificium contribulati spiritus et cordis contriti et humiliati in dolore paenitentiae remissionem peccatorum et blasphemiarum suarum, quibus per ignorantiam te offenderunt, accipere mereantur. Tantum enim ualet praepollens misericordia et potestas tua et ueritas baptismi tui clauesque regni caelorum in sancta ecclesia tua, ut nec de illis desperandum sit, quamdiu in hac terra per tuam patientiam uiuunt, qui etiam scientes, quantum malum sit talia de te sentire uel dicere, propter aliquam temporalis et terrenae commoditatis consuetudinem uel adeptionem in illa maligna professione detinentur, si ad tuam

---

[243] 로마 2,5-6 참조.

[244] 에제 18,21 참조: "악인도 자기가 저지른 모든 죄를 버리고 돌아서서, 나의 모든 규정을 준수하고 공정과 정의를 실천하면, 죽지 않고 반드시 살 것이다."

[245] 다른 데서도 교부는 비슷한 기도를 올린다. "하느님, 내 안에서 당신의 자비를 체험하고서 당신께 애원하오니, 내가 어려서부터 밥상을 함께 나누면서 더할 나위 없이 한데 어울렸던 저 사람들이 당신을 섬기는 일에 나와 이견을 가지지 않게 해 주십시오"(『두 영혼』15,24).

[246] 시편 51,19: "하느님께 맞갖은 제물은 부서진 영. 부서지고 꺾인 마음을 하느님, 당신께서는 업신여기지 않으십니다."

[247] 가톨릭 신자였다 마니교(이단)에 빠진 이들에게는 '참회의 성사'로, 처음 입교하는 경우이면 '세례성사'로 교회에 맞아들였다.

갚으십니다.²⁴³ 그날에 사람이 자기 악행으로부터 돌이켜 당신의 자비와 진리로 돌아선다면 그의 모든 악행을 당신께서는 잊어버리실 것입니다.²⁴⁴ 우리에게 베풀어 주십시오. 우리에게 주십시오. 우리의 봉사 직무를 통해서 가증스럽고 너무도 가공할 이 오류를 반박하기를 원하셨으니, 저들이 자기네 모독과 죄의 사함을 받기에 합당한 사람이 되게 해 주십시오.²⁴⁵ 이미 많은 이들이 그 오류에서 해방되었고 어떤 이들은 당신 거룩한 세례의 성사를 통해서나 부서진 영과 부서지고 꺾인 마음의 제사를 통해서나²⁴⁶ 해방될 것입니다.²⁴⁷ 저들이 무지로 말미암아 이런 짓으로 당신을 상심시켜 드렸으니 참회의 고통 속에서 그들의 모독과 죄의 사함을 받기에 합당한 사람이 되게 해 주십시오. 당신의 막강한 자비, 당신의 권능, 당신 세례의 진리, 당신의 거룩한 교회 안에 있는 하늘나라의 열쇠는 참으로 힘 있습니다. 그들이 이 땅에 살아 있는 것이 당신의 인내로 말미암아서니 그 사람들에 대해서도 우리가 실망을 해서는 안 됩니다.²⁴⁸ 당신을 두고 저런 생각을 하거나 말하는 짓이 얼마나 큰 악인지 알고 있으면서도 저처럼 사악한 신앙고백에 붙들려 있는 것은 현세적이고 지상적인 어떤 편익에서 오는 습관이나 그런 편익을 획득하기 위함인지도 모릅니다.²⁴⁹ 바로잡으시는 당신의 손길에 얼

---

²⁴⁸ 『영혼의 위대함』 34,78 참조: "우리는 악덕에 시달리는 사람을 미워할 것이 아니라 악덕 자체를 미워해야 하고 죄짓는 사람들을 미워할 것이 아니라 죄 자체를 미워해야 하네. 누구든지 도와줄 의사를 갖춰야 하고 우리를 해친 사람이든 해치고 싶어 하는 사람이든 심지어 우리가 해 입기 바라는 사람까지도 돕기로 해야 하네. 이것이 참된 종교심이요 이것이 완전한 종교심이고, 이것만이 유일무이한 종교심일세."

²⁴⁹ 교부 스스로 카르타고에서 로마로 이사가서나, 밀라노 황실 교수 취직에 마니교 측으로부터 편익(commoditas)을 입었고 무엇보다도 '육욕의 관습'(consuetudo)에 묶여 무려 9년이나 마니교에 붙들려 있었음을 잊지 않고서 하는 말이다. 『고백록』 7,17,23 참조: "당신의 아름다우심으로 인해서 당신께 사로잡혀 가고 있으면서도 머지않아 저의 중력에 눌려 당신께로부터 떨어져 나가곤 하였으며 신음을 하면서 저것들을 향해 곤두박질치는 것이었습니다. 저 중력이란 곧 육욕의 습관이었습니다."

선의 본성 **143**

ineffabilem bonitatem saltem increpati tuis correptionibus fugiant et omnibus carnalis uitae inlecebris caelestem uitam aeternamque praeponant.

어맞고서라도 당신의 형언할 수 없는 선하심을 향해 도망 오면 좋겠습니다. 육적인 삶의 모든 덫보다 천상의 영원한 삶을 앞세우면 좋겠습니다.[250]

---

[250] 『고백록』 2,2,4 참조: "당신의 적법한 것들을 모조리 어겼고 당신의 채찍질을 피하지도 않았습니다. 죽을 인간치고 누가 피하겠습니까? 당신께서는 자비로이 노기를 보이시면서도 항상 곁에 계셨고, 온갖 탈법한 저의 쾌락에다 쓰디쓴 거리낌을 뿌리시면서 저로 하여금 거리낌이 들지 않는 쾌락을 찾아 나서게 만드셨습니다. 그리고 제가 혹시 그것을 찾아낼 수 있었다면, 주님, 당신 말고 어디서 찾아냈겠습니까?"

Retractationes 2.9 (36)

De natura boni

II 9. Liber de natura boni aduersus Manichaeos est, ubi ostenditur naturam incommutabilem deum esse ac summum bonum, atque ab illo esse ceteras naturas siue spiritales siue corporales, atque omnes, in quantum naturae sunt, bonas esse; et quid uel unde sit malum, et quanta mala Manichaei ponant in natura boni et quanta bona in natura mali, quas naturas finxit error ipsorum.

Hic liber sic incipit: *Summum bonum quo superius non est deus est.*

재론고 2,9 (36)

선의 본성

2.9. 『선의 본성』*De natura boni*은 마니교도들을 상대로 한 책이다. 거기서 하느님이 불변하는 본성이고 최고선임이 입증되며, 영적이든 물체적이든 그 밖의 본성들은 그분에 의해서 존재하며, 또 본성인 한 모두가 선함이 입증된다. 또 악이 무엇이고 어디서 유래하느냐를 논하고, 마니교도들이 선의 본성에 얼마나 많은 악을 부여하고 악의 본성에 얼마나 많은 선을 부여하는지 논한다. 그들의 오류가 선의 본성과 악의 본성을 상상해 낸 것이다. 이 책은 "그보다 상위의 것이 없는 최고선이 곧 하느님이다"라는 문장으로 시작한다.

 인명

네브리디우스 116

마니(마니카이우스) 15 17-8 31 33 65
    110-5 117 121 123 129-30 133-5
    139
모세 66

세쿤디누스 15 33

아디만투스 15
아리스토텔레스 25-6 64-5
아우구스티누스 13-35 40-2 44 50 53
    62 64-6 68 71 76 78 80 83 94 98
    100 102 104 106 109-12 121 123
    129-30 134 137
에보디우스 111 123
오비디우스 34

키케로 13 60

펠릭스 15-6 21
포르투나투스 15 21
포시디우스 16 136-7
플라톤 22-3 25
플로티누스 25-6

호노리우스 16
히에로니무스 62
히포크라테스 102

색인 — 작품

『가톨릭교회의 관습과 마니교도의 관습』 14
『고백록』 13-4 27 49-50 53 55 64 116 129 143 145
『공화국』(플라톤) 22
『교사론』 78
『그리스도교 교양』 40 68
『기조 서간』(마니교 경전) 15 17 30 33 110 116 131

『두 영혼』 14 22 142

『마니 제자 아디만투스 반박』 14-5
『마니교 기조 서간 반박』 15 24 52 110 112
『마니교도 반박 창세기 해설』 14 45 91 94
『마니교도 세쿤디누스 반박』 15 33
『마니교도 파우스투스 반박』 15 19 80 110
『마니교도 펠릭스 반박』 15
『마니교도 포르투나투스 반박』 14
『마니교도의 관습』 140
『믿음 희망 사랑의 길잡이』 15 96

『변신 이야기』(오비디우스) 34

『삼위일체론』 23 26 66 108
『생명의 진보』(마니교 경전) 17 30 33 123 131 137
『서간집』 40 44-5

『설교집』 63
『신국론』 15 26-7 29 46 48 51 67-8 91-3 98
『신들의 본성에 관하여』(키케로) 60
『아우구스티누스의 생애』(포시디우스) 136-7
『아카데미아학파 반박』 23
『엔네아데스』(플로티누스) 26
『여든세 가지 다양한 질문』 99-100
『영혼의 위대함』 123 143
『율리아누스 반박 미완성 작품』 15 47
『입문자 교리교육』 15

『자유의지론』 14 22 27 29 42 46 54 114 123
『재론고』 16 20 34

『참된 종교』 14-15 46 52-3 88 92

『투스쿨룸 대화』(키케로) 104

『행복한 삶』 13 70 72-3 102
『향연』(플라톤) 22
『호르텐시우스』(키케로) 13

색인 / 성경

창세			20	26 71
1,26	135		12,2	141

탈출			이사	
3,14	23 66		7,9	76

2마카			에제	
7,28	81		18,21	142
			33,11	141

욥			다니	
1,12	90		3,51-90	62
34,30	89		72	62

시편			호세	
16,10	69		13,11	90
33,9	81			
36,10	104		마태	
51,19	142		5,45	140
73,28	51		11,12	110
102,27-28	76		25,41	91
103,8	140			

잠언			마르	
8,15	88		10,18	99

지혜			루카	
7,24-25	84		1,33	72
27	76		22,31-32	90
11,18	64			

요한		6,12	92
1,1-3	77		
8,58	23	콜로	
10,30	77	3,25	101
18,20	80		
20,25	69	1티모	
		1,17	77
사도		4,4	93
1,16-18	90	6,15-16	100
로마		야고	
1,25	96	1,17	77
2,3-6	84		
5-6	142	2베드	
3,5	88	2,4	91
4,17	80		
5,8-10	88		
11,22	88		
33	86		
36	81		
13,1	89		
16,27	100		

1코린
12,18	86
24-25	86
26	85

2코린
| 12,7 | 90 |

에페
| 2,2 | 92 |

아우구스티누스 AUGUSTINUS(354~430)

북아프리카 타가스테에서 태어났다(354년). 어머니 모니카는 독실한 그리스도인이었으나, '지혜에 대한 사랑'(철학)에 매료된(373년) 청년 아우구스티누스는 진리를 찾아 끊임없이 방황하는 삶을 살았다. 한때 마니교와 회의주의에 빠지기도 했던 그는 밀라노의 수사학 교수로 임명되면서 출셋길에 올랐다(384년). 밀라노에서 접한 신플라톤 철학, 암브로시우스 주교의 설교, 수도생활에 관한 증언 등을 통해 그리스도교에 눈을 뜨기 시작했으나, 머리로 이해한 그리스도교 진리를 아직 믿음으로 받아들이지 못한 채 엉거주춤 망설이며 살아가다가, 마침내 바오로 서간을 '집어서 읽으면서'(Tolle! Lege!) 회심하였고(386년), 행복한 눈물 속에 세례를 받았다(387년). 교수직과 재산을 미련 없이 버리고 고향으로 돌아가 소박한 수행의 삶을 엮어 가던 그는 뜻하지 않게 히포 교구의 사제(391년)와 주교(395년)로 서품되었고, 40년 가까이 사목자요 수도승으로 하느님과 교회를 섬기다가 석 달 남짓한 투병 끝에 일흔여섯의 나이로 세상을 떠났다(430년). 『고백록』*Confessiones*을 비롯한 수많은 저술(책, 서간, 설교)과 극적이고 치열한 삶은 그리스도교 철학과 신학에 엄청난 영향을 끼쳤다. 교부들 가운데 우뚝 솟은 큰 산인 아우구스티누스는, 그리스 철학 체계 속에 그리스도교 진리를 깔끔하게 정리해 냄으로써 '서양의 스승'이라고도 불린다.

성염

1972년 가톨릭대학교 졸업 후, 1976년 광주 가톨릭대학교에서 신학석사, 1986년 교황청 살레시오 대학에서 라틴문학박사 학위를 취득했다. 1988~2005년 한국외국어대학교와 서강대학교 철학과 교수, 2003~2007년 주교황청 한국대사를 역임했다. 그간 우리신학연구소 소장 및 이사장, 서양고전학회 회장 등 다양한 학회 활동과, 서울대교구 평신도사도직협의회, 한국천주교정의평화위원회, 한국가톨릭교수회(회장) 등 각 분야의 사회 활동을 하면서 많은 저서와 주해서, 번역서, 연구 논문을 발표했다. 주요 저서로는 『사랑만이 진리를 깨닫게 한다』 『님의 이름을 불러두고』 『라틴어 첫걸음』 『고급 라틴어』 『하느님을 만난 사람들』 『미사 해설』 등이, 아우구스티누스 주해서로는 『그리스도교 교양』 『참된 종교』 『자유의지론』 『신국론』 『삼위일체론』 『고백록』 『아카데미아학파 반박』 『행복한 삶』 『질서론』 『독백』 『영혼 불멸』 『영혼의 위대함』 『교사론』 등이, 기타 고전 주해서로는 키케로의 『법률론』, 단테의 『제정론』, 피코 델라 미란돌라의 『인간 존엄성에 관한 연설』 등이, 역서로는 『신은 존재하는가? I』 『인간의 죽음』 『해방신학』 『아시아의 해방신학』 『아시아인의 심성과 신학』 외 다수가 있다. 이 밖에도 수십 편의 학술 논문과 사전 항목을 집필했다. 더 자세한 사항은 『사랑만이 진리를 깨닫게 한다』(경세원 2007) 8-15쪽을 참조하라.